大きな服 を着る、
小さな服 を着る。

濱田明日香

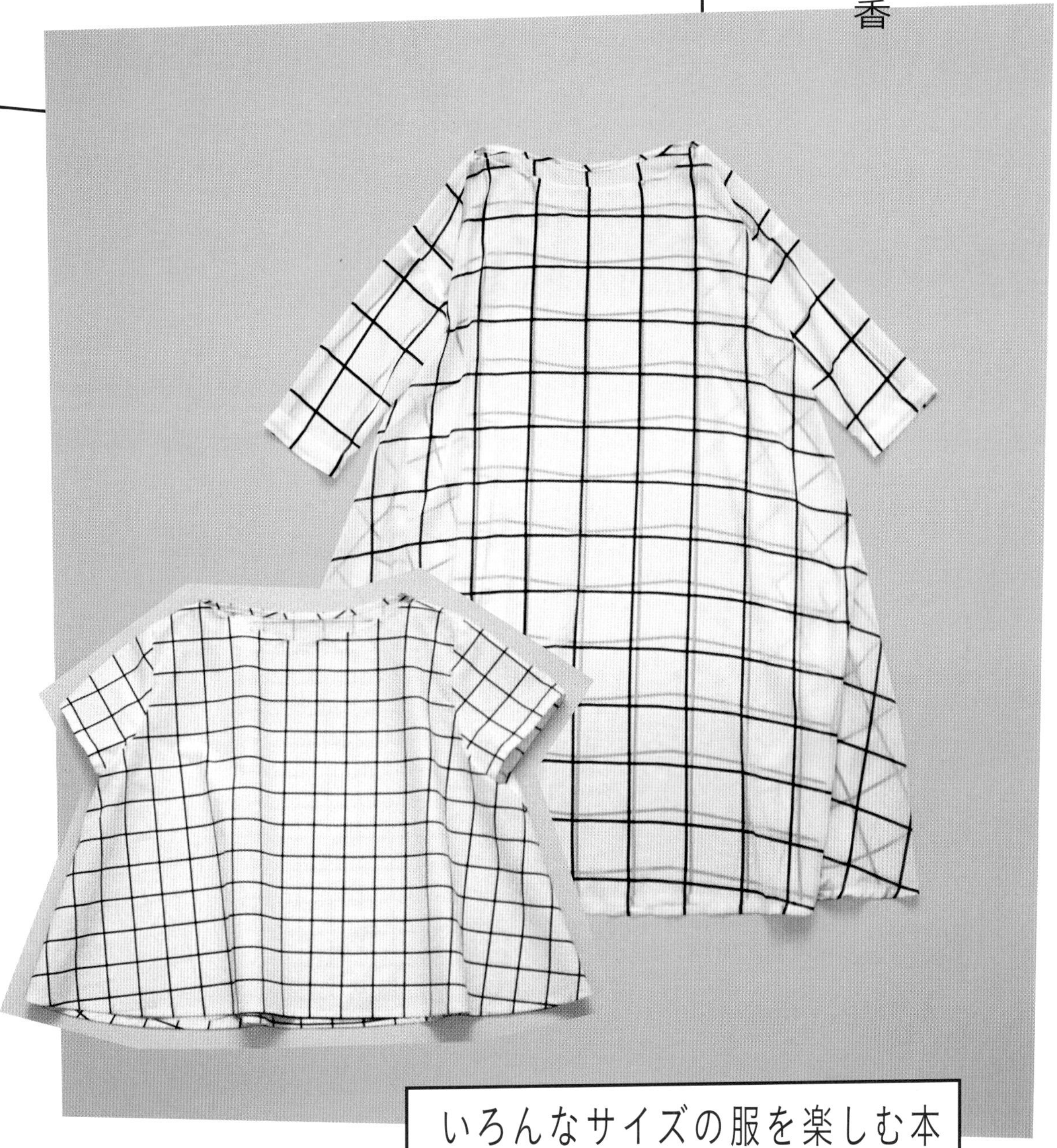

いろんなサイズの服を楽しむ本

文化出版局

逆に、小さな服を大きな人が着ると七分袖や七分丈になり、手首や靴下を見せるおしゃれができたり、中に着た服の色が裾から見えたりして重ね着の楽しさが増えます。

この本では自分サイズと大きなサイズを選んで作れるようになっています。いろいろなサイズを着る楽しさを発見してください。

大きな服を着る、小さな服を着る。

Mサイズ、Lサイズなど「自分サイズ」を決めて服を選ぶ人が多いのではないでしょうか。体のサイズに合わせて服を作る、というのが服作りの基本とされています。それとは逆の発想で、いろんなサイズの服を着たときに生まれるおもしろさを楽しむ、というアイディアから生まれた本です。

大きな服を小さな人が着ると袖や裾をまくることになるので、そこにニュアンスが出たり、余ったボリュームがドレープになり、おもしろいシルエットが生まれます。

a
Vネックプルオーバー 小
写真→ p.7
作り方→ p.36

A
Vネックプルオーバー 大
写真→ p.6　作り方→ p.36

b
Tシャツ 小
写真→ p.9
作り方→ p.44

d
ジャケット 大
写真→ p.13
作り方→ p.53

D

ジャケット 小
写真→ p.12
作り方→ p.53

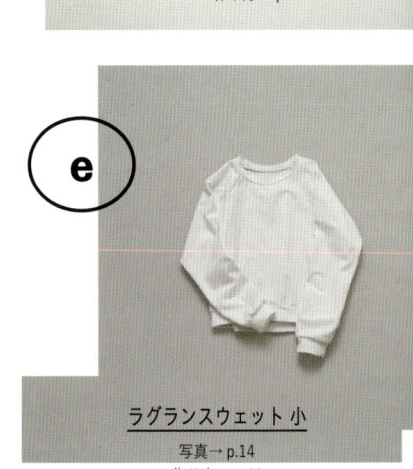

e
ラグランスウェット 小
写真→ p.14
作り方→ p.46

g
フーディー 小
写真→ p.18
作り方→ p.56

G

フーディー 大
写真→ p.19
作り方→ p.56

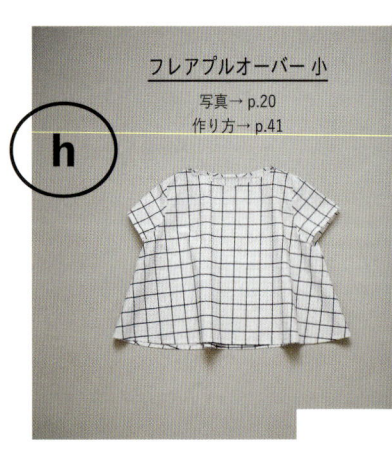

h
フレアプルオーバー 小
写真→ p.20
作り方→ p.41

j
J
ノースリーブドレス 大
写真→ p.26
作り方→ p.63

ノースリーブドレス 小
写真→ p.27
作り方→ p.63

タックパンツ スリム
写真→ p.29
作り方→ p.68

k

B

Tシャツ 大

写真→ p.8
作り方→ p.44

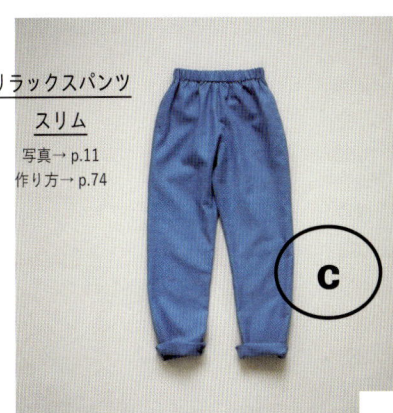

リラックスパンツ
スリム

写真→ p.11
作り方→ p.74

c

C

リラックスパンツ
ワイド

写真→ p.10
作り方→ p.74

E

ラグランスウェット 大

写真→ p.15
作り方→ p.46

f

ウエスト
ギャザーワンピ 小

写真→ p.16
作り方→ p.76

ウエスト
ギャザーワンピ 大

写真→ p.17
作り方→ p.76

F

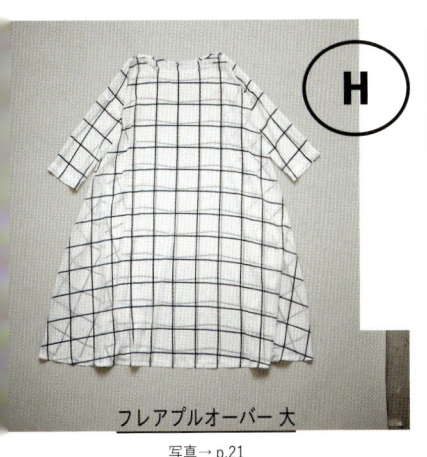

H

フレアプルオーバー 大

写真→ p.21
作り方→ p.41

i

シャツ 小

写真→ p.23, 25
作り方→ p.48

I

シャツ 大

写真→ p.22
作り方→ p.48

K

タックパンツ ワイド

写真→ p.28　作り方→ p.68

クルーネックブルゾン 小

写真→ p.31, 32
作り方→ p.60

L

L

クルーネック
ブルゾン 大

写真→ p.30
作り方→ p.60

Vネックプルオーバー 大
作り方→ p.36

A

大きくなってワンピとしても着られるサイズに

四角い形にVネックが大人っぽいトップス

a

Vネックプルオーバー 小
作り方→ p.36

B

Tシャツ 大
作り方→p.44

ロングトップスとして着られる大きいTシャツ

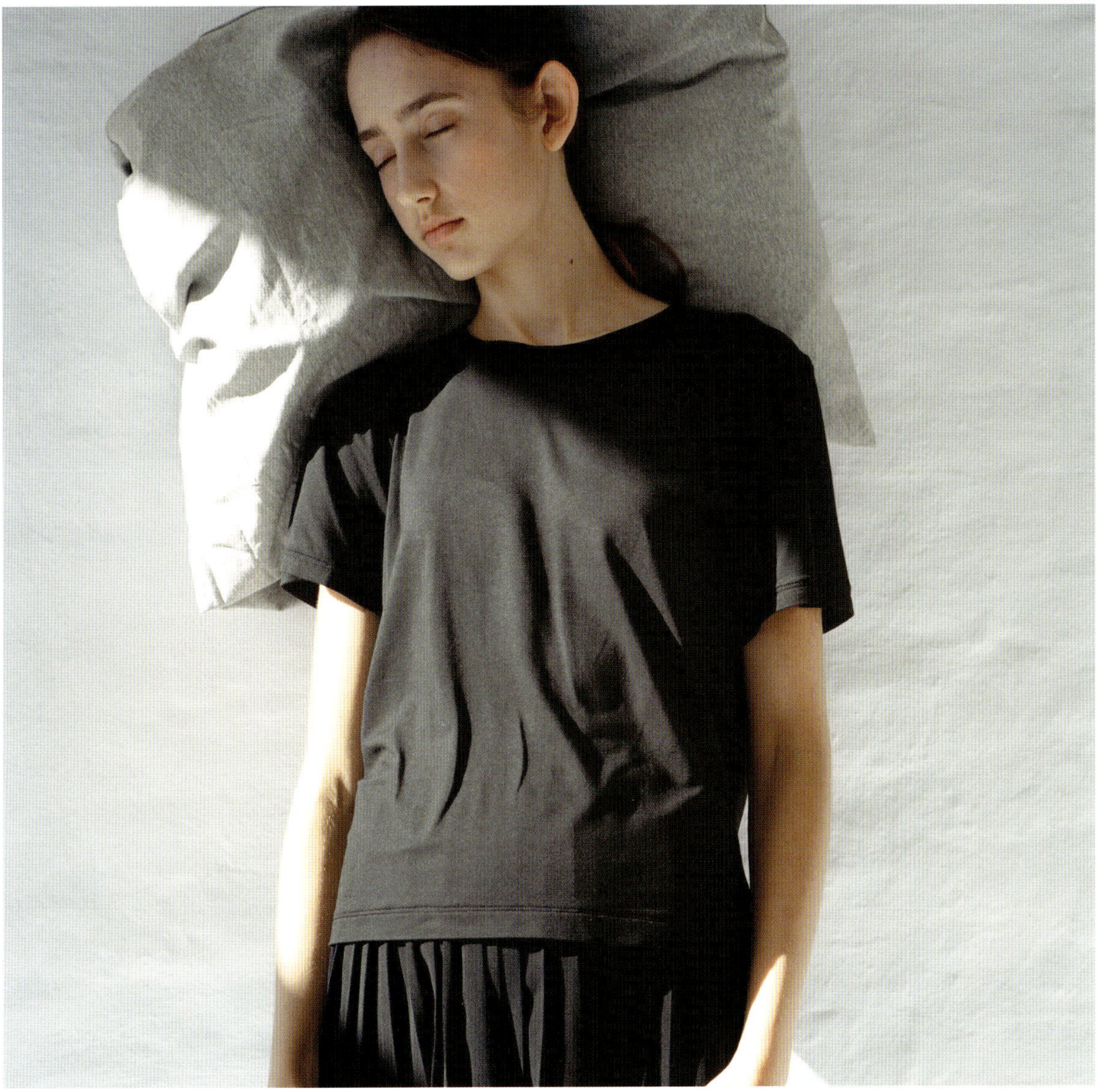

ベーシックでボーイズライクなＴシャツ

b

Ｔシャツ 小
作り方→ p.44

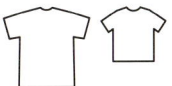

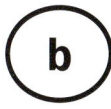

スカートに見えるくらいのスーパーワイド

C

リラックスパンツ ワイド
作り方→ p.74

ⓒ

リラックスパンツ スリム
作り方→p.74

足首に向けて細くなる、きれいなシルエット

ⓓ

ジャケット小　作り方→p.53

カジュアルな七分袖のコンパクトジャケット

D

ジャケット大　作り方→p.53

メンズのコートみたいな大きなジャケット

ショート丈のコンパクトなスウェット

e ラグランスウェット 小
作り方→p.46

E

ラグランスウェット 大
作り方→ p.46

ゆったりオーバーサイズなスウェット

f ウエストギャザーワンピ 小
作り方→ p.76

女の子らしいコンパクトなワンピ

ローウエストで引っかけて着るゆったりワンピ

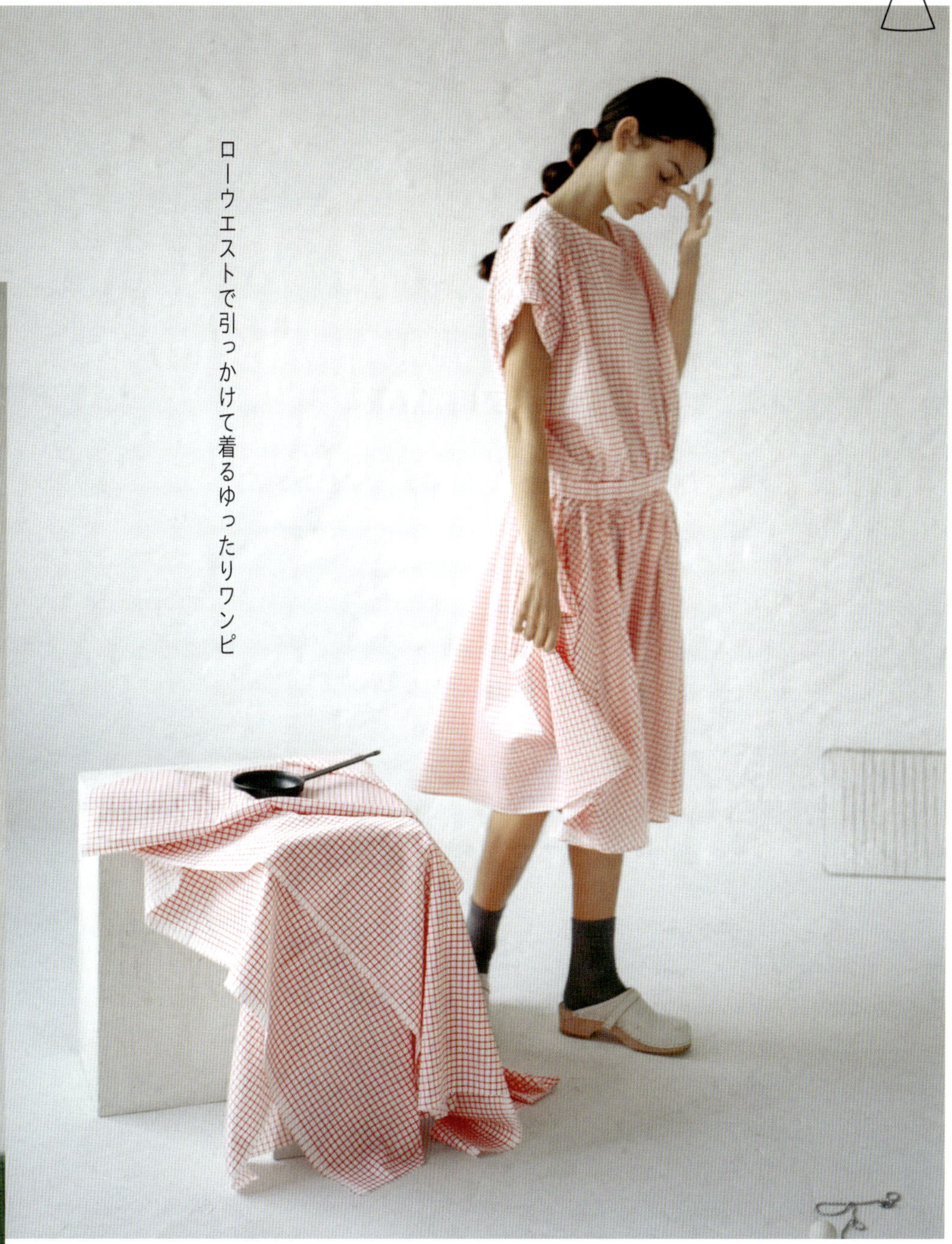

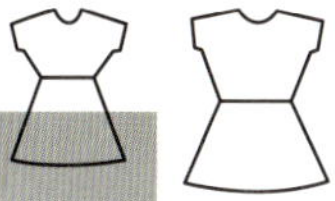

ウエストギャザーワンピ 大
作り方→ p.76

g フーディー 小　　作り方→ p.56

スポーティなコンパクトサイズのプルオーバー

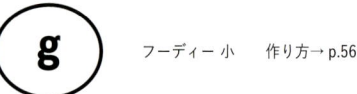

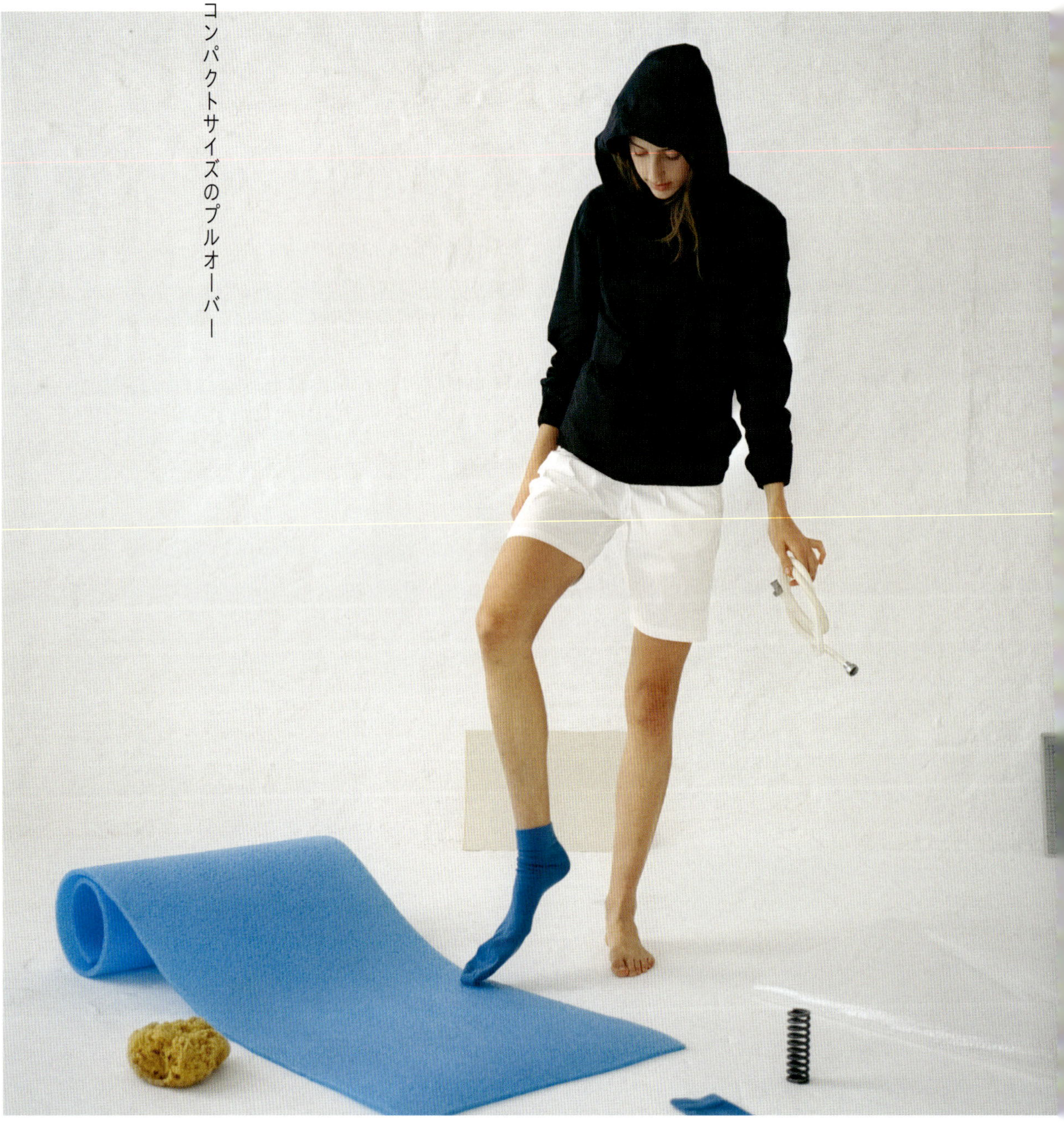

G

フーディー 大
作り方→p.56

ゆったりシルエットの大きなポンチョ

h

フレアプルオーバー 小
作り方→ p.41

小さな袖とAラインがポイントのフレアトップス

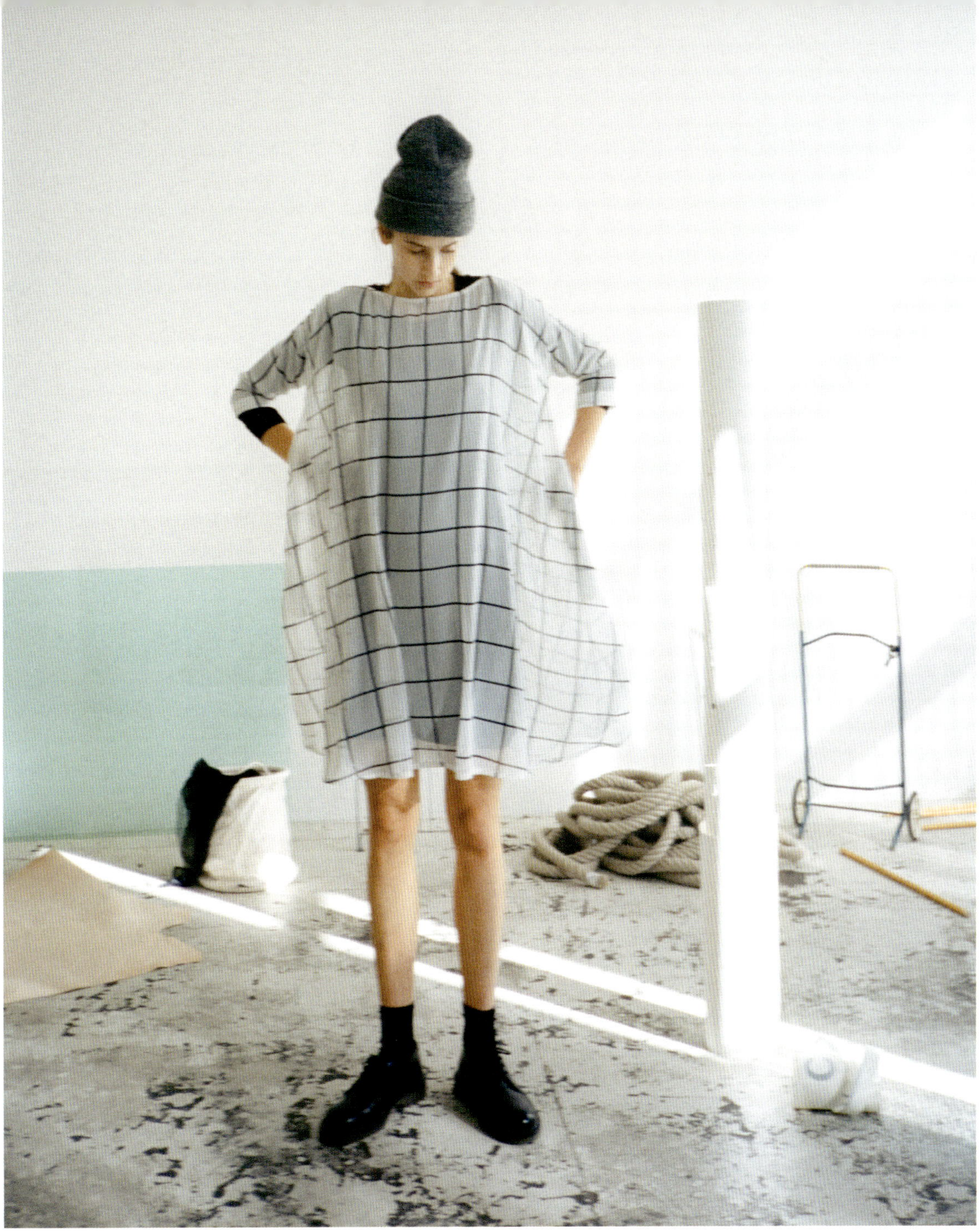

Aラインのトップスをワンピ丈になるまで大きく

フレアプルオーバー 大
作り方→p.41

シャツワンピとして着られるゆったりサイズ

Ⓘ　シャツ 大　作り方→ p.48

シャツ 小　作り方→ p.48

i

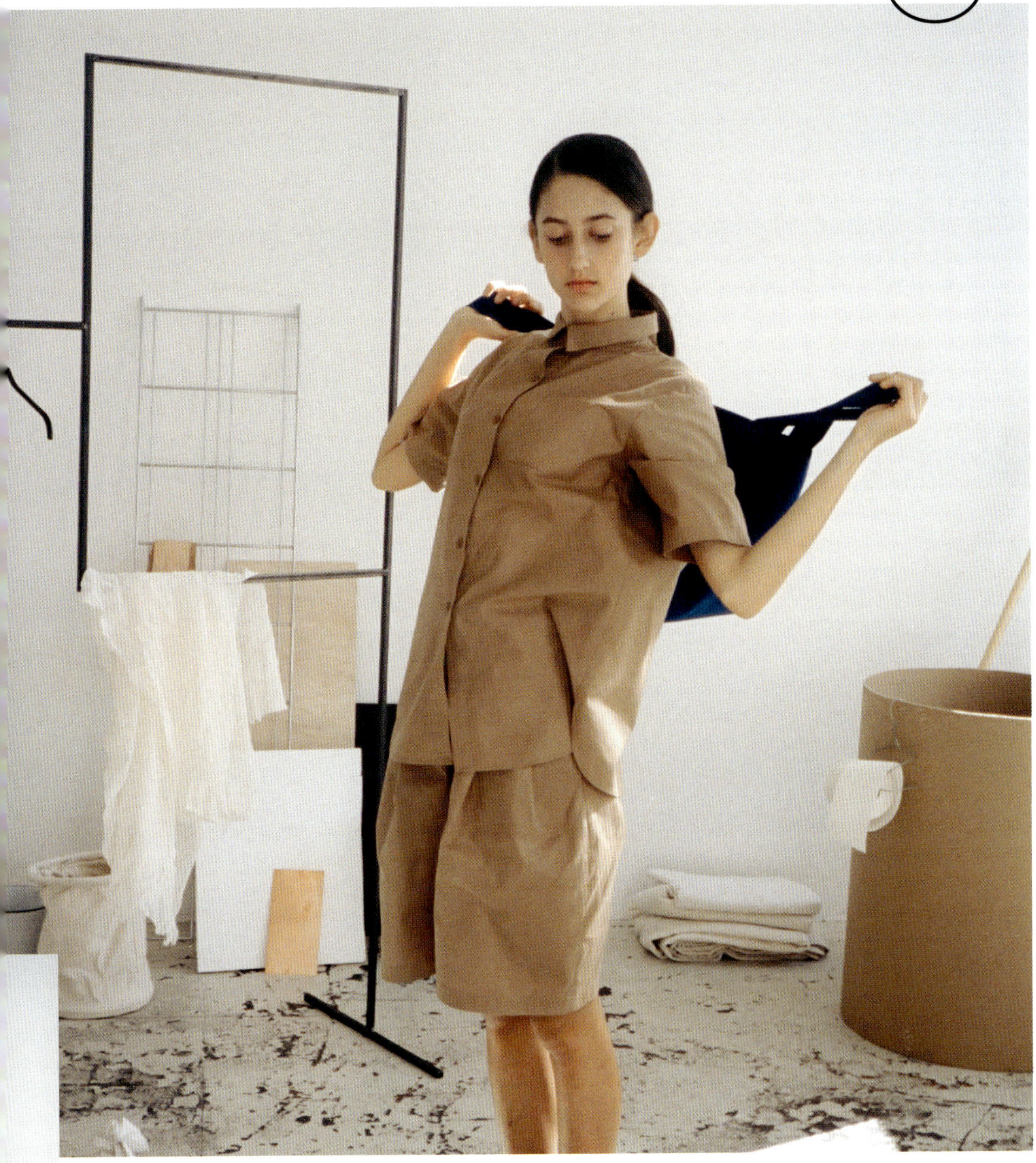

小さめの衿がきれいな印象のコンパクトなシャツ

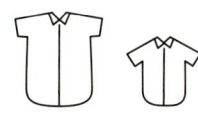

シャツ 小　作り方→p.48

J ノースリーブドレス 大
作り方→ p.63

ロング丈でボリュームたっぷりのローウエストワンピ

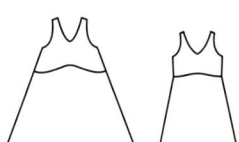

ノースリーブドレス 小
作り方→ p.63

j

細かいタックが入ったハイウエストの少女風ワンピ

Ⓚ

タックパンツ ワイド
作り方→ p.68

スーパーワイドなツータックパンツ

k

タックパンツ スリム
作り方→ p.68

きれいめシルエットのツータックパンツ

L

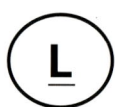

クルーネックブルゾン 大
作り方→ p.60

メンズサイズの大きなブルゾン

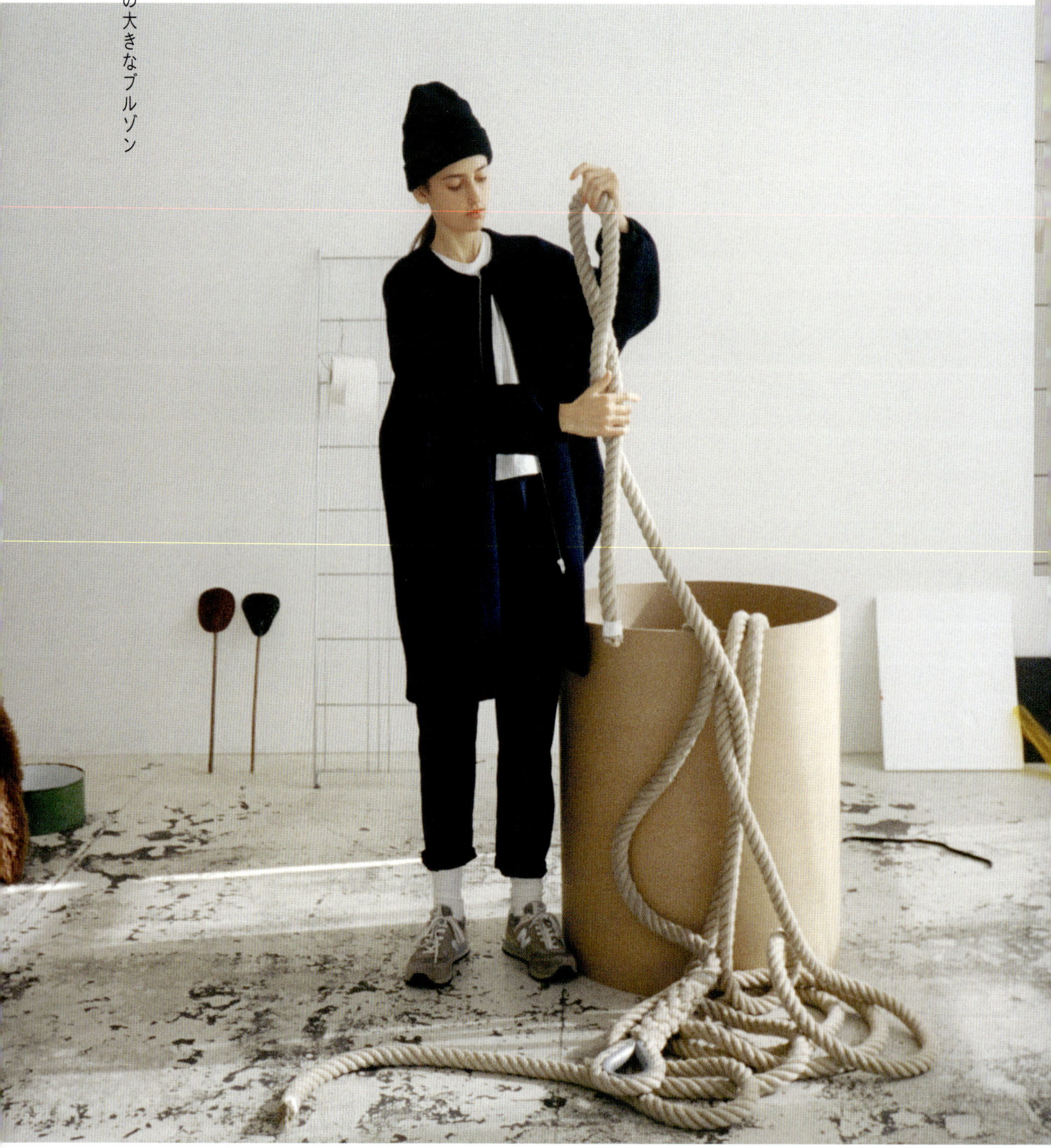

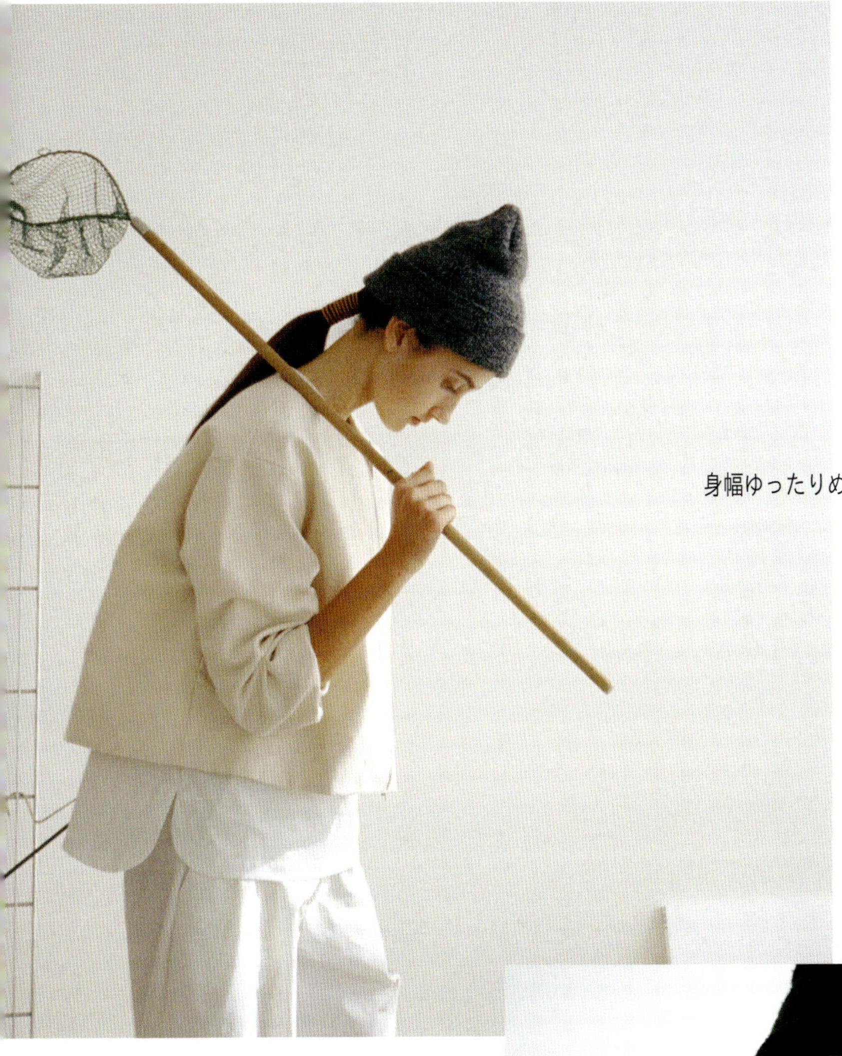

身幅ゆったりめのショート丈のブルゾン

クルーネックブルゾン 小
作り方→ p.60

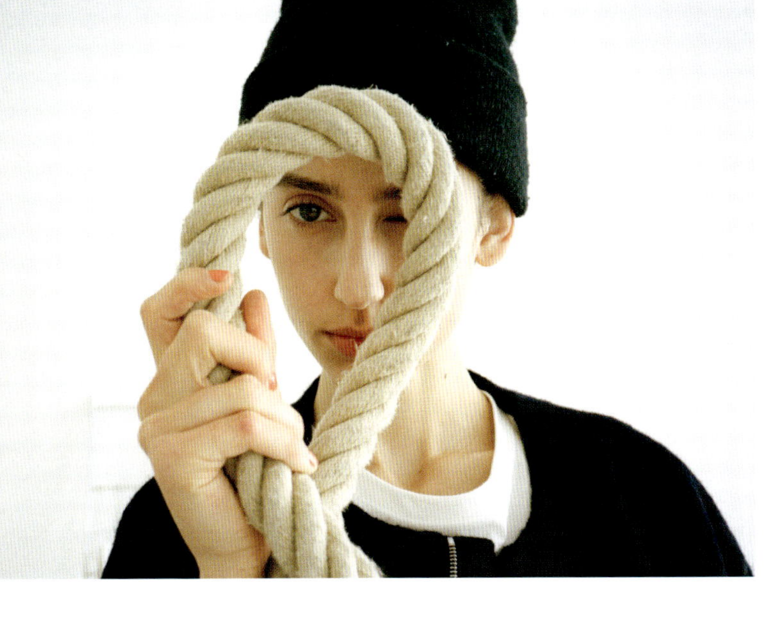

クルーネックブルゾン 小
作り方→ p.60

HOW TO MAKE

「大きな服」「小さな服」サイズの選び方

作品のアルファベットの小文字は「小さな服」、大文字は「大きな服」になっています。例えばⓐは小さな服、Ⓐは大きな服。

作り方ページの「出来上り寸法」を参考に、お手持ちの服と比較すればサイズ感がつかみやすいでしょう。自分の体型に近いサイズで作りたいかたは下記のサイズ表を参考に選んでください。

	小さな服		大きな服 (※)
	サイズ1 (S・M)	サイズ2 (M・L)	ワンサイズ (S・M・L)
バスト	75－83cm	84－92cm	75－92cm
ウエスト	60－67cm	68－75cm	60－75cm
ヒップ	85－91cm	92－98cm	85－98cm
身長	154－162cm	154－168cm	154－168cm

※「Ⓚタックパンツ ワイド」のみサイズ1、2展開

パターンの使い方

一部のパーツを除いて付録の実物大パターンを使って作ります。作り方ページに記載のパターンを、実物大パターンの中から見つけて別紙に写しとります。布目線、あき止りや縫止りなどの合い印も忘れずに写します。縫い代は含まれていないので、裁合せ図を参考に必要な縫い代をつけて布を裁断してください。

素材について

シンプルなデザインばかりなのでお好きな柄の生地や夏素材を冬素材に替えるなどして年中楽しめます。薄すぎる生地や厚すぎる生地は扱いが難しいので、作り方ページの「布選びのポイント」を参考に、初めは縫いやすい中厚のものを選ぶといいでしょう。柄合せが必要な場合は多めに購入しましょう。

接着芯の選び方

接着芯は不織布ではなく、生地もしくはニットのできるだけ薄手のソフトな接着芯を選びましょう。硬い接着芯は素材の風合いを変えてしまう場合があります。切込みを入れるところ、ボタンホールをあけるところ、ファスナー部分、前身頃ポケット部分、ベルトには基本的に接着芯もしくは接着テープをはりますが、伸びの少ないしっかりした素材を使う場合は接着芯をはらなくてもいい場合もあります。素材に合わせて判断してください。

きれいに仕上げるポイント

きれいに仕上げるこつはまめにアイロンがけをすることです。ロックミシンやミシンをかけた縫い目には縫縮みが起こっていますので、布端を折るときや仕上げのアイロン以外にもひと縫いごとにアイロンをかけることが仕上げの美しさにつながります。

部分縫いと縫い方のこつ

裾、袖口、衿ぐりなどの端の処理

▼ 三つ折り　　　　　　　　　　　　▼ バイアステープの作り方

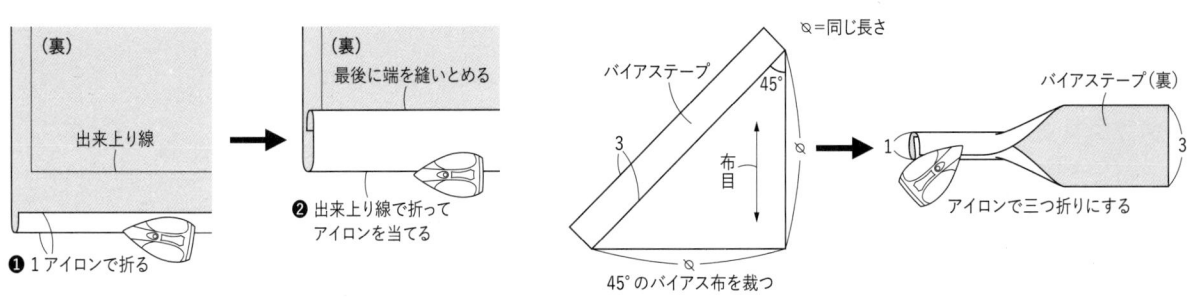

縫い目の処理

縫始めと縫終りは、2〜3針逆に返して縫い(返し縫い)、ほつれないようにする。

▼ 縫い割る　　　　　　　　　　　　▼ 片返しにする

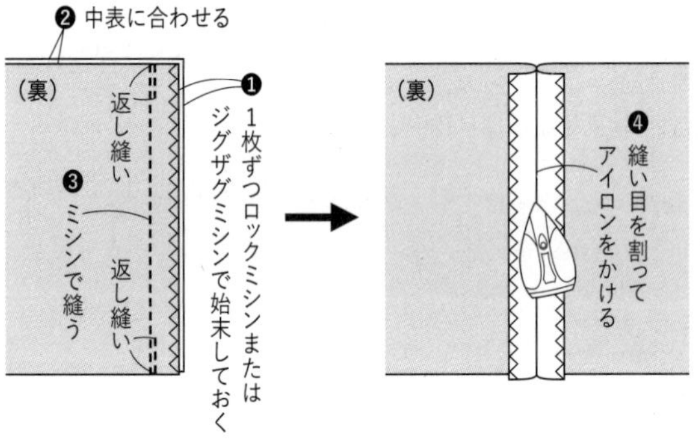

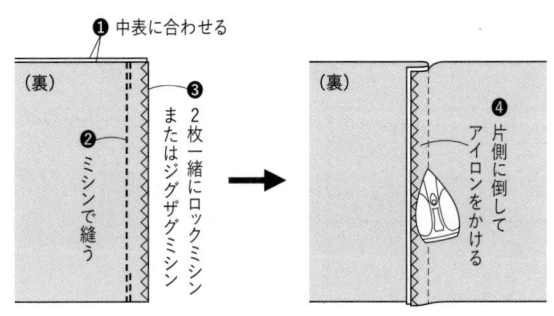

ギャザーの寄せ方

▼ ギャザーミシン

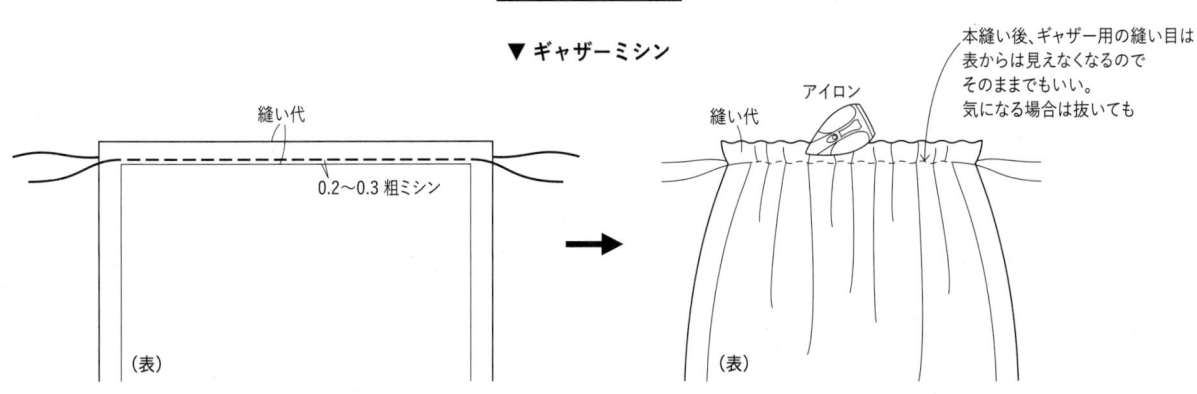

少し粗い針目でミシンをかけ、表側または裏側どちらか一方の糸を引いてつけ寸法に縮める。

縫い代にアイロンをかけて平らにしておくと後で縫いやすくなる。

本縫い後、ギャザー用の縫い目は表からは見えなくなるのでそのままでもいい。気になる場合は抜いても

衿ぐり、前端などで裏側の布を落ち着かせる方法

▼ ステイステッチ（縫い代とめミシン）　　　　▼ 星どめ

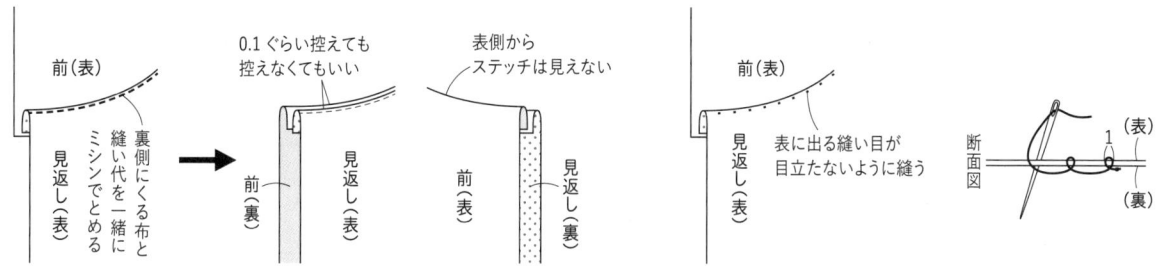

裏側の布をとめる方法

▼ まつり縫い　　　　▼ 落しミシン

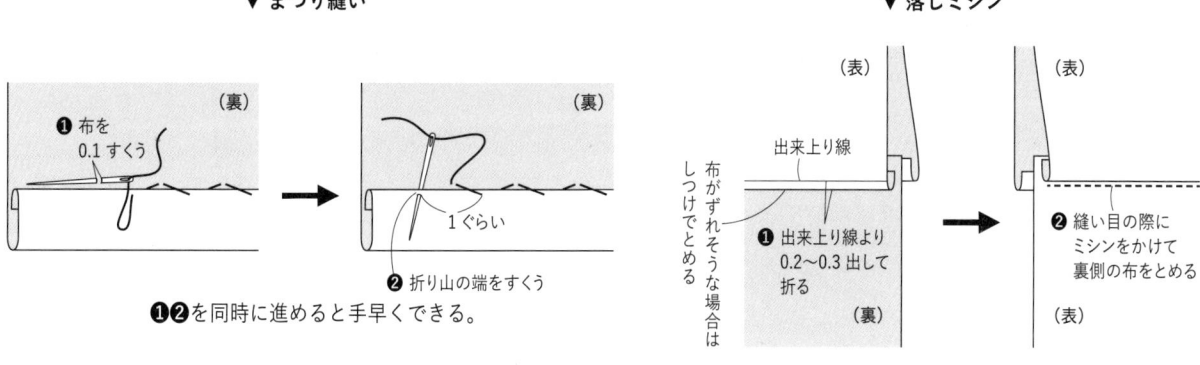

ニット素材の縫い方

▼ 2本針4本糸ロックミシン

ニット素材の縫製に最も適している。
ニット用のミシン糸を使用する。

▼ 普通のミシン（ジグザグ縫いができる）

ニット用のミシン針、ミシン糸を必ず使用して縫う。
箇所によってジグザグ縫い、直線縫いを使い分ける。

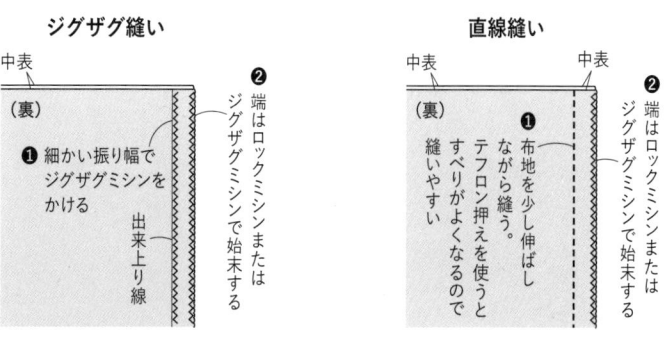

直線縫いに比べて伸縮性が出るので、伸びが必要な
衿ぐりや狭い袖口にはこの縫い方が適している。

Vネックプルオーバー 小
サイズ1・2

A Vネックプルオーバー 大
ワンサイズ

写真→ p.7
四角い形にVネックが大人っぽいトップス。同じ生地で作った**c**のリラックスパンツと合わせればジャンプスーツのようにも着られます。スリットの入ったサイド、少し長めの後ろ丈がポイントです。
合わせたパンツ：**c**

パターン1の表　**a**前、**a**後ろ、**a**前衿ぐり見返し、**a**後ろ衿ぐり見返し、**a**袖ぐり見返し、**a**前裾見返し、**a**後ろ裾見返し、**a**ポケット

材料（すべて1・2共通）　表布 = 110cm幅 1m60cm
　　　　　　　　　　　　接着芯 = 15 × 5cm

布選びのポイント
シャツ用の薄いデニム地を使用しています。落ち感のある素材を選ぶと袖の表情がきれいに出ます。

作り方順序
①前後の裾に見返しをつける。→図
②ポケットを作り、前身頃につける。→図
③身頃と衿ぐり見返しの肩をそれぞれ縫い、縫い代を割る。→図
④衿ぐりと袖ぐりに見返しをつける。→図
⑤脇を縫い、縫い代を割る。→図
⑥裾見返しを始末する。→図

写真→ p.6
aのVネックプルオーバーが大きくなって、ワンピースとしても着られるサイズに。スリムパンツやレギンスなどと合わせて着るのもおすすめです。

パターン2の表　**A**前・後ろ（重なったパターンなのでそれぞれかき写す）、**A**前衿ぐり見返し、**A**後ろ衿ぐり見返し、**A**袖ぐり見返し、**A**前裾見返し、**A**後ろ裾見返し、**A**ポケット、**A**袋布

材料　表布 = 110cm幅 2m50cm
　　　　接着芯 = 20 × 5cm
　　　　接着テープ = 1cm幅 35cm

布選びのポイント
薄いテンセルを使用しています。落ち感のある素材を選ぶとシルエットがきれいに出ます。シンプルな形なので柄生地で作るのもおすすめ。

作り方順序
①〜④は**a**と同様。
⑤脇を縫い、ポケットを作る。→図
⑥裾見返しを始末する。→図

出来上り寸法・作り方順序

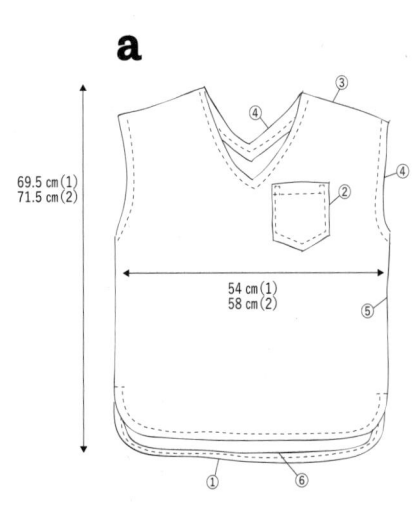

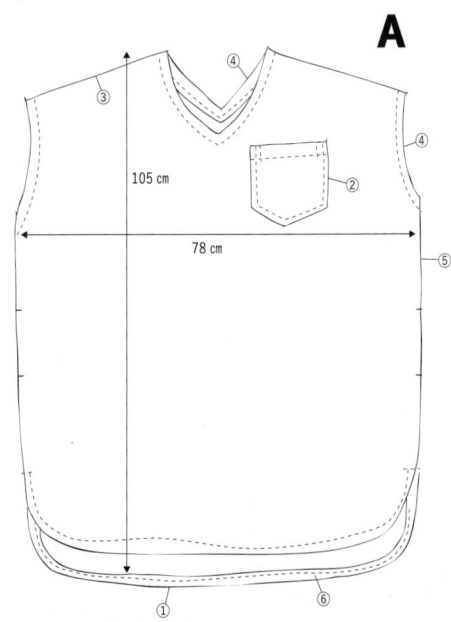

裁合せ図

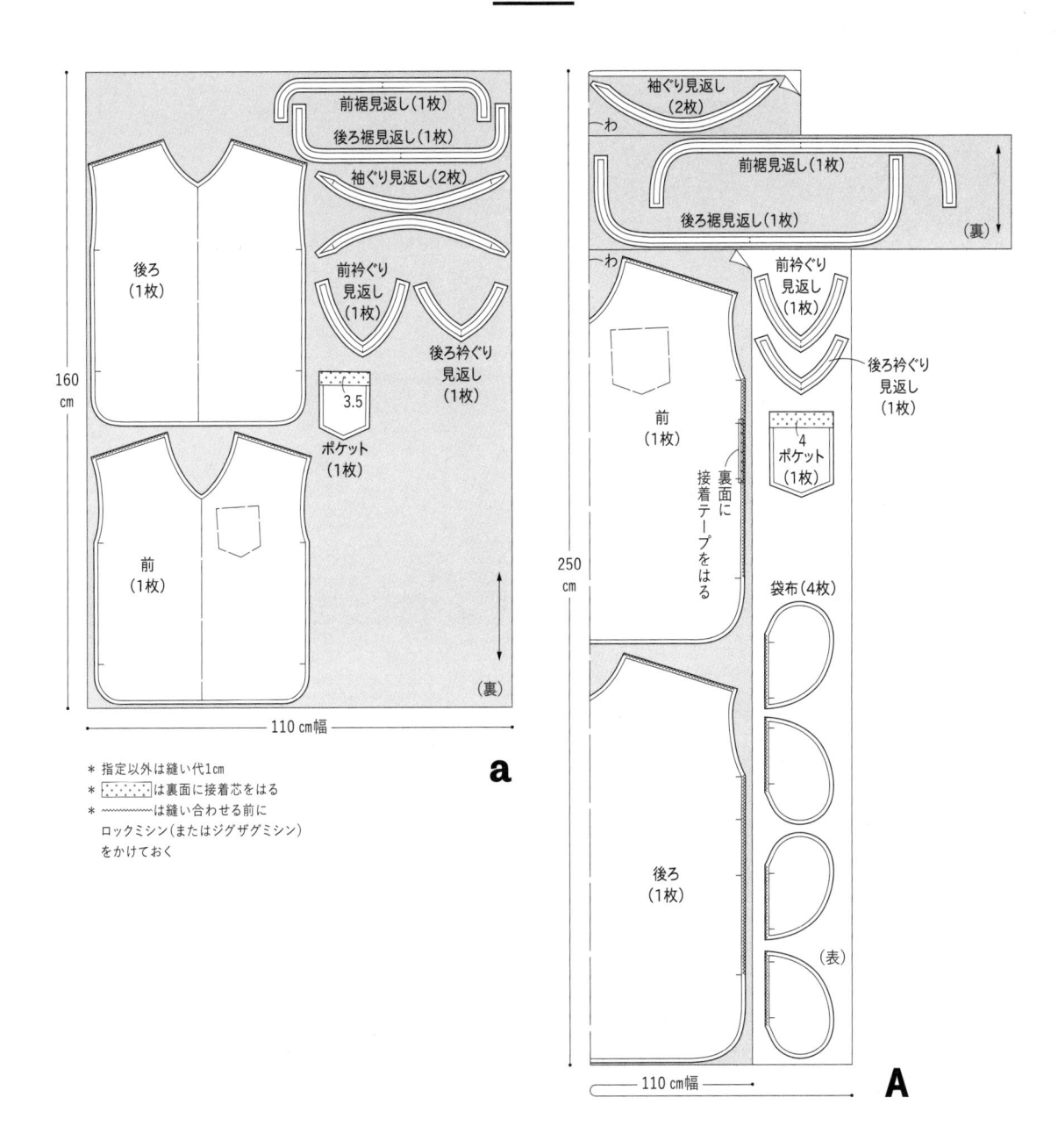

a
- 後ろ（1枚）
- 前（1枚）
- 前裾見返し（1枚）
- 後ろ裾見返し（1枚）
- 袖ぐり見返し（2枚）
- 前衿ぐり見返し（1枚）
- 後ろ衿ぐり見返し（1枚）
- ポケット（1枚） 3.5
- 160 cm
- 110 cm幅
- （裏）

* 指定以外は縫い代1cm
* ┊┊┊┊ は裏面に接着芯をはる
* 〜〜〜〜 は縫い合わせる前にロックミシン（またはジグザグミシン）をかけておく

A
- 前（1枚）
- 後ろ（1枚）
- 前裾見返し（1枚）
- 後ろ裾見返し（1枚）
- 袖ぐり見返し（2枚）
- 前衿ぐり見返し（1枚）
- 後ろ衿ぐり見返し（1枚）
- ポケット（1枚） 4
- 袋布（4枚）
- 裏面に接着テープをはる
- 250 cm
- 110 cm幅
- わ
- （裏）
- （表）

作り方解説図

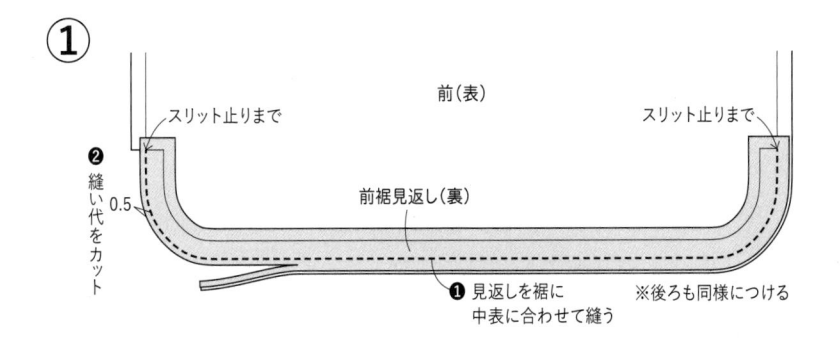

① 前（表）
- スリット止りまで
- 前裾見返し（裏）
- 0.5
- ❶ 見返しを裾に中表に合わせて縫う
- ❷ 縫い代をカット
- ※後ろも同様につける

a / A

②
① 三つ折りミシン
ⓐ 2.5
Ⓐ 3
1

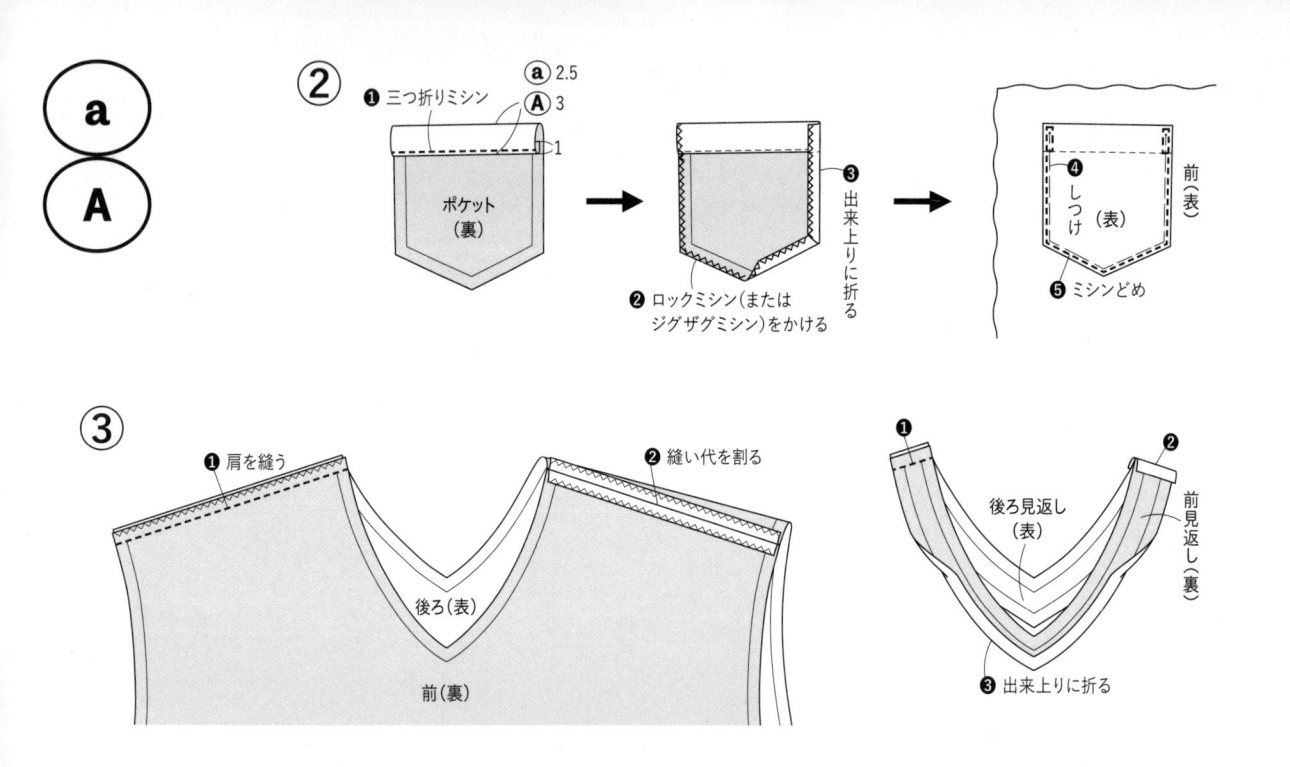

ポケット（裏）

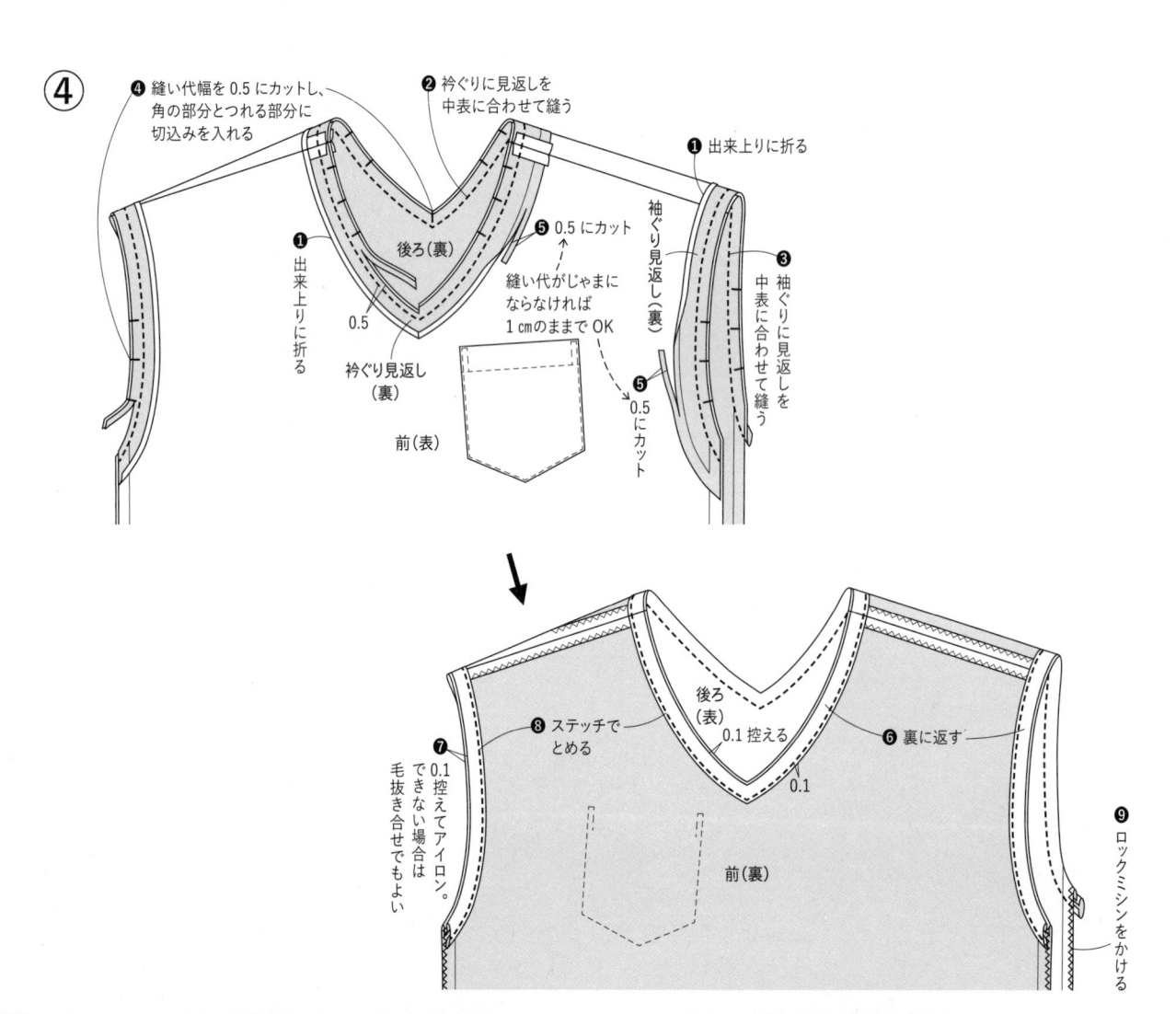

② ロックミシン（またはジグザグミシン）をかける

③ 出来上りに折る

④ しつけ（表）
⑤ ミシンどめ
前（表）

③
① 肩を縫う
② 縫い代を割る
後ろ（表）
前（裏）

① / ②
後ろ見返し（表）
前見返し（裏）
③ 出来上りに折る

④
④ 縫い代幅を0.5にカット、角の部分とつれる部分に切込みを入れる
② 衿ぐりに見返しを中表に合わせて縫う
① 出来上りに折る
① 出来上りに折る
後ろ（裏）
衿ぐり見返し（裏）
0.5
❺ 0.5にカット
縫い代がじゃまにならなければ1cmのままでOK
袖ぐり見返し（裏）
❸ 袖ぐりに見返しを中表に合わせて縫う
❺ 0.5にカット
前（表）

後ろ（表）
0.1控える
0.1
❻ 裏に返す
❽ ステッチでとめる
❼ 0.1控えてアイロン。できない場合は毛抜き合せでもよい
前（裏）
❾ ロックミシンをかける

⑤ (ⓐの場合)

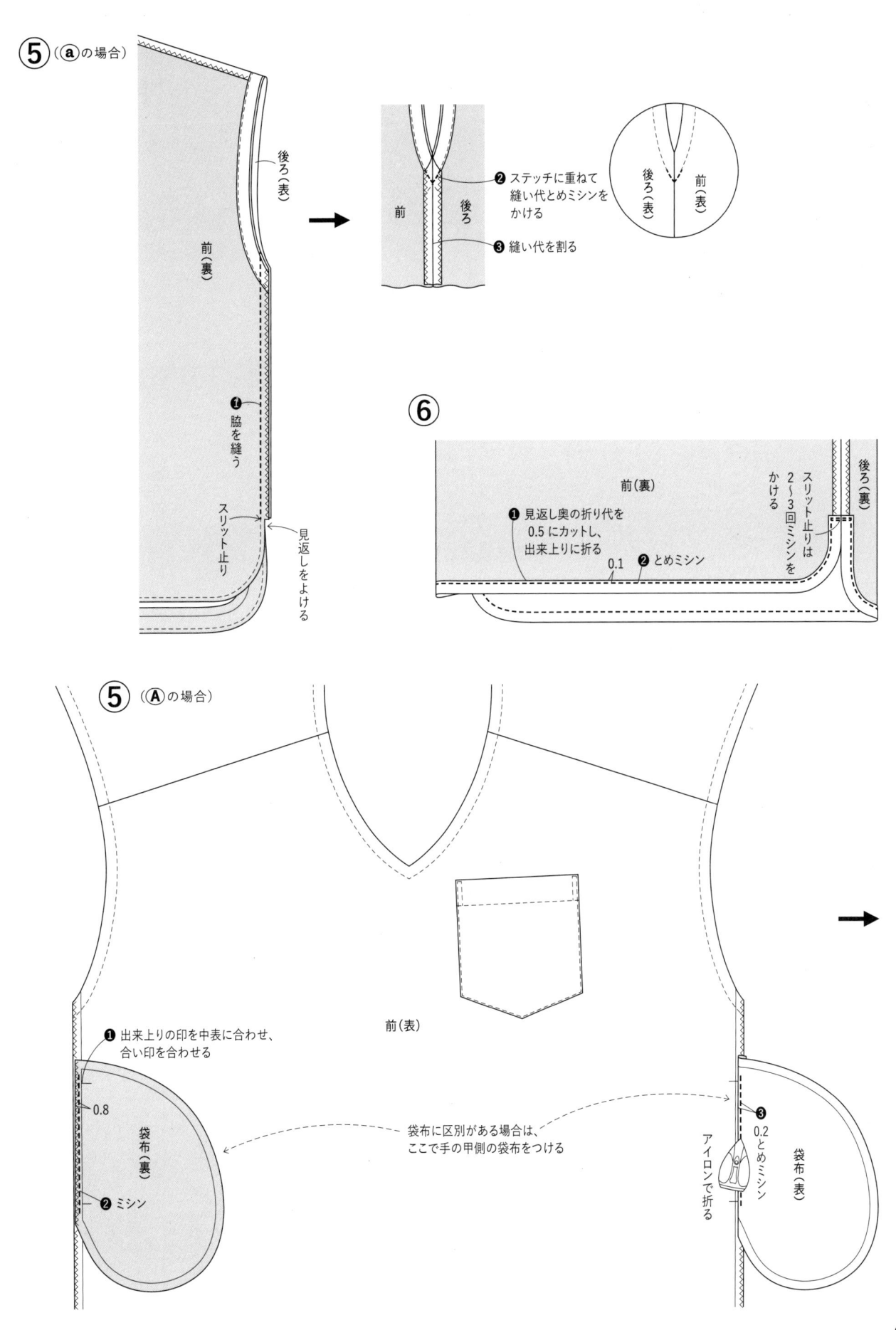

- ❶ 脇を縫う
- 後ろ(表)
- 前(裏)
- スリット止り
- 見返しをよける
- ❷ ステッチに重ねて縫い代とめミシンをかける
- ❸ 縫い代を割る
- 前(表)
- 後ろ(表)

⑥

- 前(裏)
- 後ろ(裏)
- ❶ 見返し奥の折り代を0.5にカットし、出来上りに折る
- ❷ とめミシン
- 0.1
- スリット止りは2〜3回ミシンをかける

⑤ (Ⓐの場合)

- 前(表)
- ❶ 出来上りの印を中表に合わせ、合い印を合わせる
- 0.8
- 袋布(裏)
- ❷ ミシン
- 袋布に区別がある場合は、ここで手の甲側の袋布をつける
- ❸ 0.2 とめミシン
- アイロンで折る
- 袋布(表)

a / A

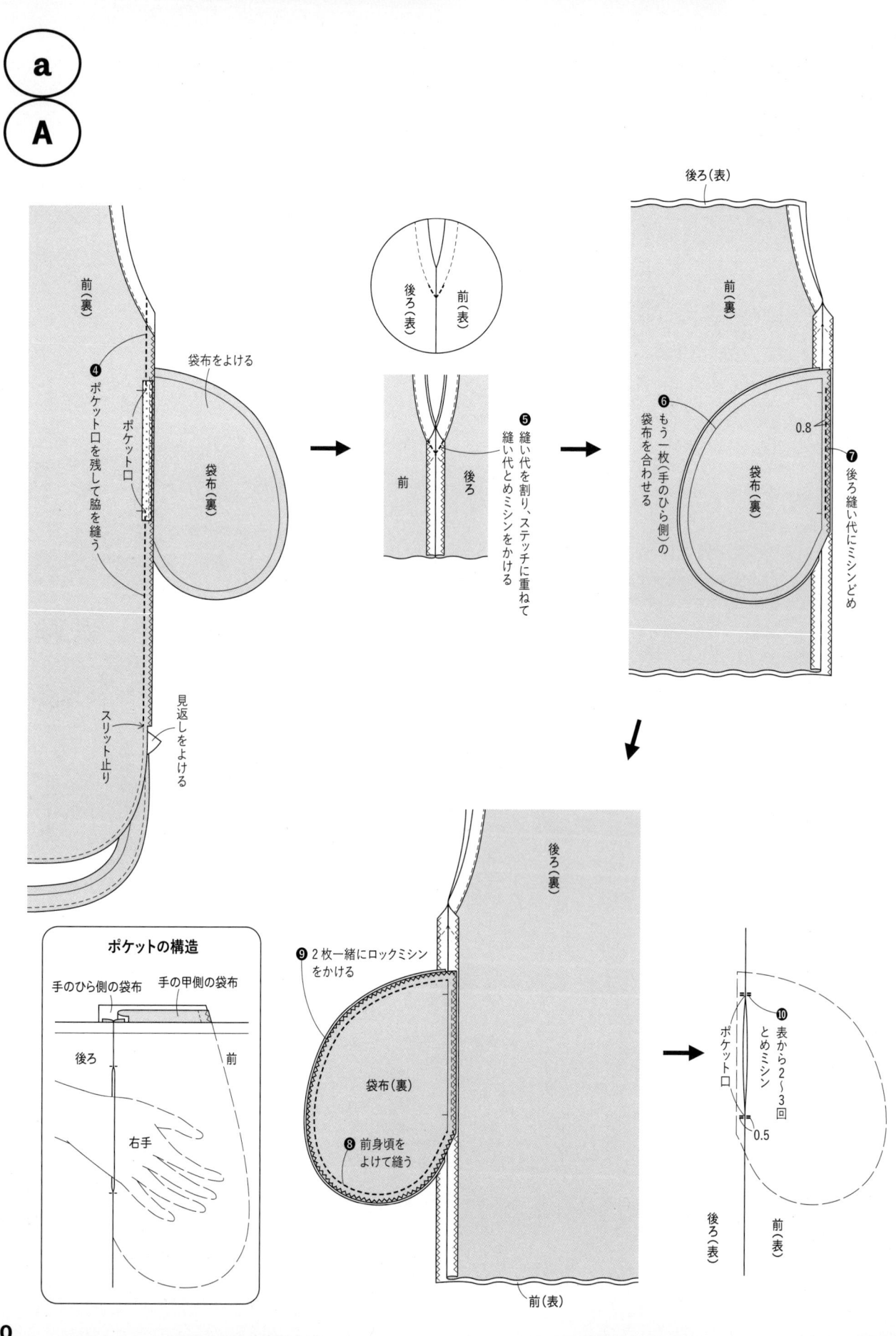

ポケットの構造
- 手のひら側の袋布
- 手の甲側の袋布
- 後ろ
- 前
- 右手

❹ ポケット口を残して脇を縫う
- 前(裏)
- 袋布をよける
- ポケット口
- 袋布(裏)
- スリット止り
- 見返しをよける

❺ 縫い代を割り、ステッチに重ねて縫い代とめミシンをかける
- 後ろ(表)
- 前(表)
- 前
- 後ろ

❻ もう一枚(手のひら側)の袋布を合わせる
❼ 後ろ縫い代にミシンどめ
- 後ろ(表)
- 前(裏)
- 袋布(裏)
- 0.8

❽ 前身頃をよけて縫う
❾ 2枚一緒にロックミシンをかける
- 後ろ(裏)
- 袋布(裏)
- 前(表)

❿ 表から2〜3回とめミシン
- ポケット口
- 0.5
- 後ろ(表)
- 前(表)

h フレアプルオーバー 小
サイズ1・2

写真→ p.20
小さな袖とＡラインに広がるシルエットがかわいいフレアトップス。ショートパンツやワイドパンツなど、パンツスタイルで甘さを抑えるコーディネートがおすすめです。
合わせたハーフパンツ：k の丈を短くしたもの

パターン2の表 h 前、h 後ろ、h 袖
※衿ぐり用バイアステープは裁合せ図の寸法で裁つ。

材料 表布＝ 110cm幅 1m30cm(1)
　　　　　110cm幅 1m40cm(2)

布選びのポイント
プリント柄の綿シーチングを使用しています。柄生地のほか、赤など強い色で作るのもかわいい。

作り方順序
①バイアス布でバイアステープを作る(p.34を参照)。
②袖口と裾を三つ折りにしてアイロンをかける。→図
③衿ぐりをバイアステープで始末する。→図
④肩を縫い、縫い代を割る。→図
⑤袖を作る。→図
⑥脇を縫い、縫い代を割る。→図
⑦袖をつける。→図
⑧裾の三つ折りを整え、ミシンでとめる。→図

H フレアプルオーバー 大
ワンサイズ

写真→ p.21
Ａラインのトップスをワンピース丈になるまで大きくしたプルオーバー。動くたびにフレアが揺れるきれいなシルエットです。タイツや細身のパンツを合わせるのもいいですね。

パターン1の表 H 前・後ろ（重なったパターンなのでそれぞれかき写す）、H 袖
パターン2の表 H 袋布
※衿ぐり用バイアステープは裁合せ図の寸法で裁つ。

材料 表布＝ 140cm幅 2m30cm
　　　　　接着テープ＝ 1cm幅 35cm

布選びのポイント
プリント柄のオーガンディを使用しています。シャンブレーなど少しニュアンスのある素材や、思い切った色や柄を選ぶのもおすすめです。

作り方順序
①〜④は h と同様。
※②のとき、袖口は3cm、裾は1cmの三つ折りにする。
⑤袖をつける。→図
⑥ポケットを作り、袖下から脇を縫う (p.39 ⑤、p.40を参照)。→図
⑦袖口と裾の三つ折りを整え、ミシンでとめる。→図

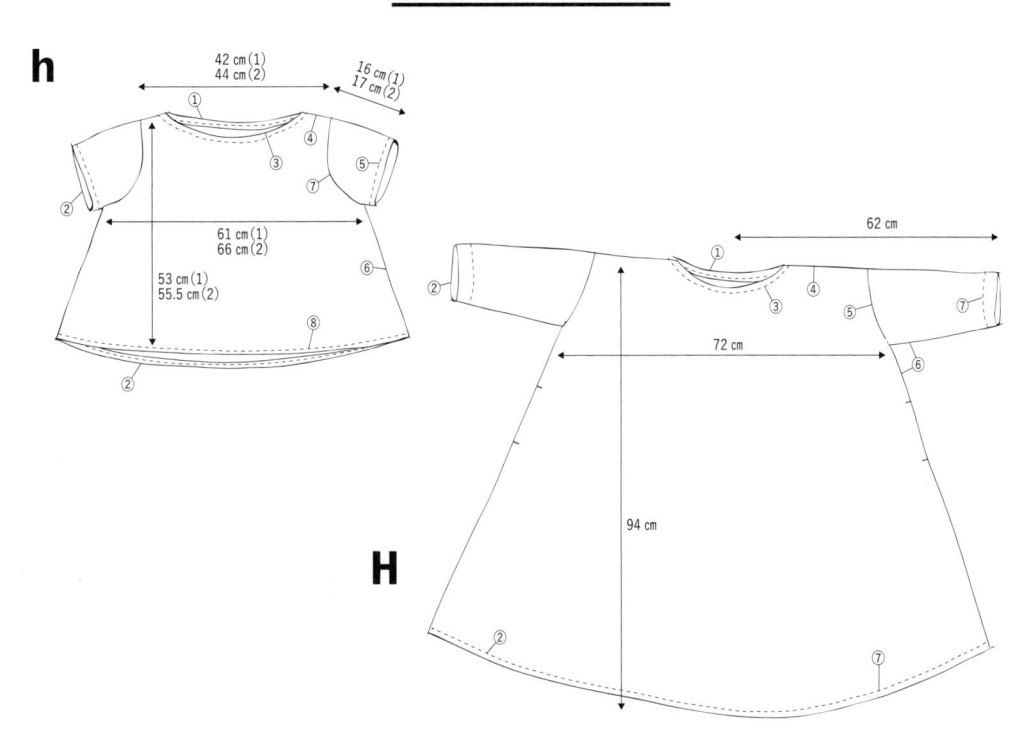

出来上り寸法・作り方順序

h
- 42 cm (1) / 44 cm (2)
- 16 cm (1) / 17 cm (2)
- 61 cm (1) / 66 cm (2)
- 53 cm (1) / 55.5 cm (2)

H
- 62 cm
- 72 cm
- 94 cm

h

H

作り方解説図

②・③

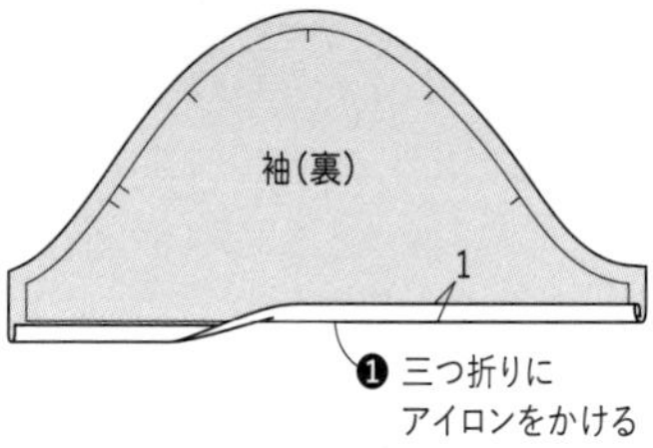

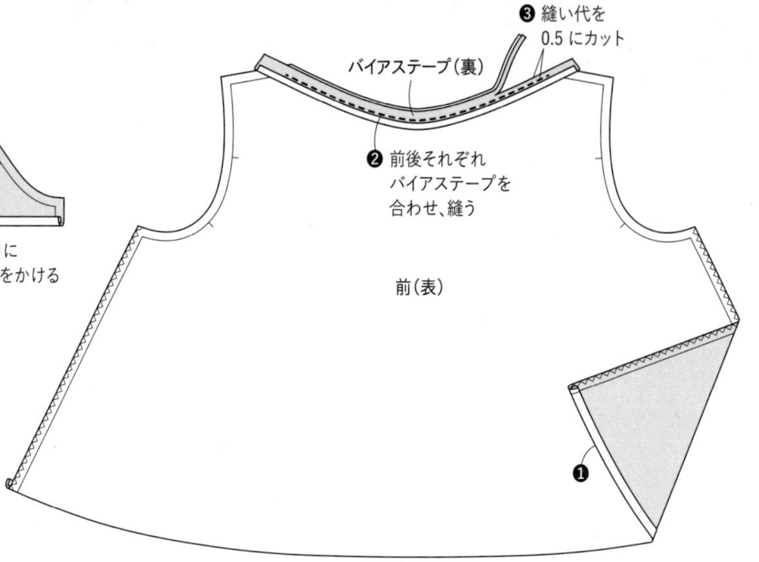

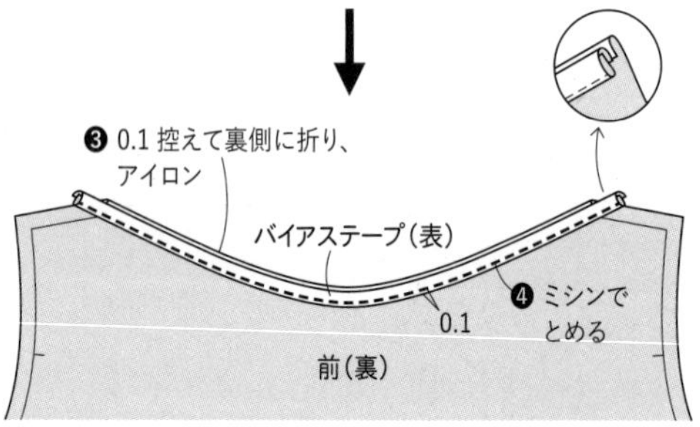

④

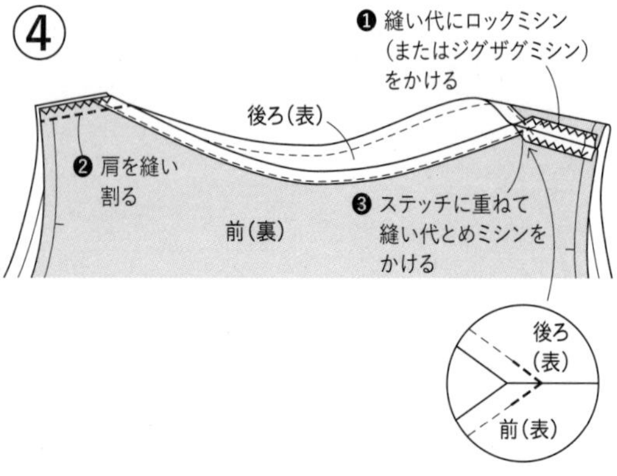

⑤ (ⓗの場合)

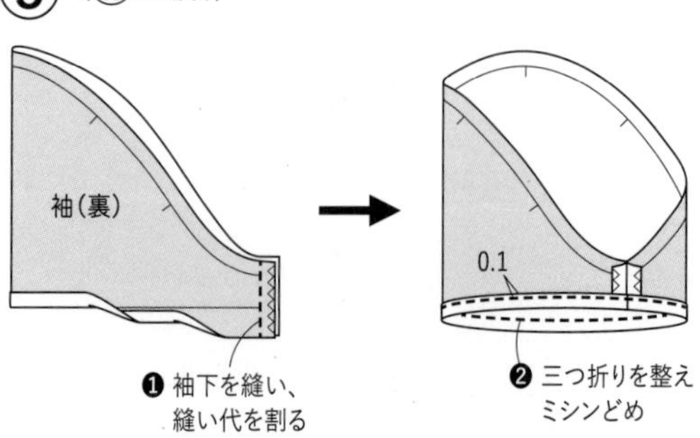

裁合せ図

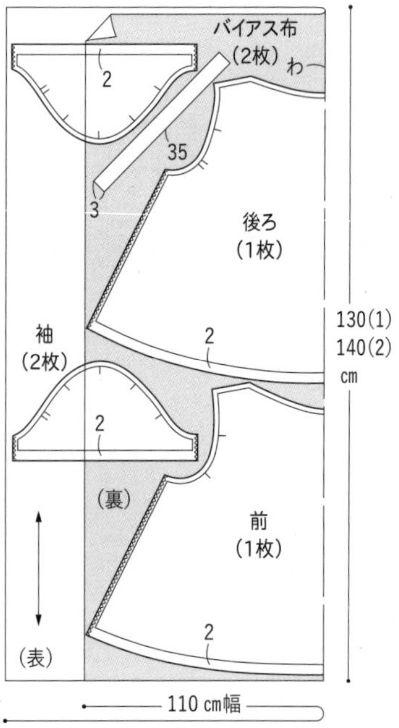

h

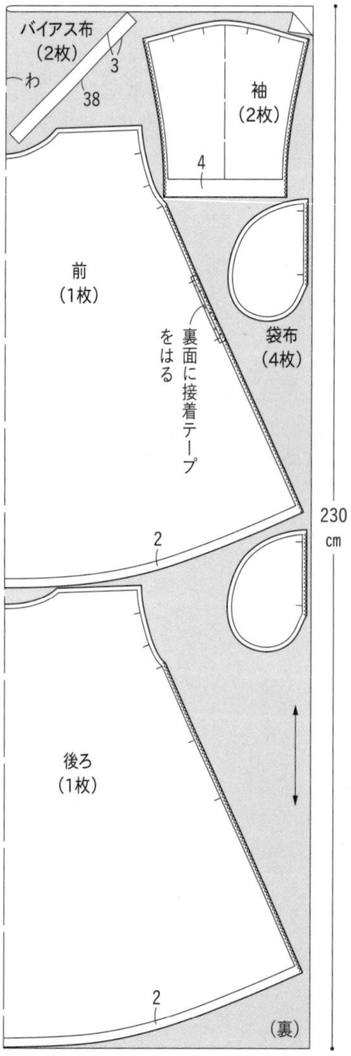

H

＊ バイアス布は布地に直接寸法をかいて裁つ
＊ 指定以外は縫い代1cm
＊ 〰〰〰は縫い合わせる前に
ロックミシン(またはジグザグミシン)
をかけておく

⑥・⑦ (ⓗの場合)

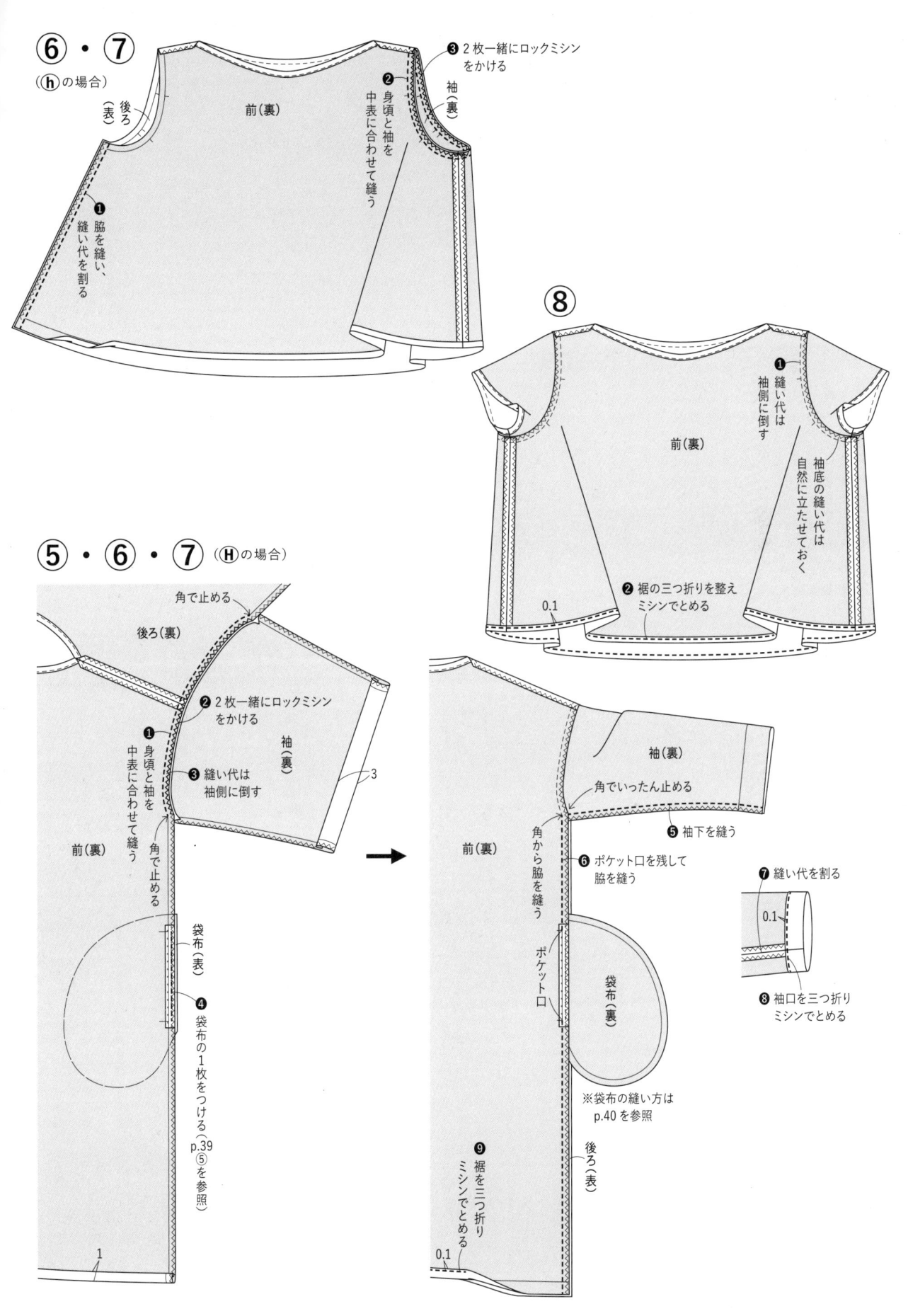

- ❶ 脇を縫い、縫い代を割る
- ❷ 身頃と袖を中表に合わせて縫う
- ❸ 2枚一緒にロックミシンをかける

後ろ(表) / 前(裏) / 袖(裏)

⑧

- ❶ 縫い代は袖側に倒す
- 袖底の縫い代は自然に立たせておく
- ❷ 裾の三つ折りを整えミシンでとめる

前(裏)　0.1

⑤・⑥・⑦ (Ⓗの場合)

- ❶ 身頃と袖を中表に合わせて縫う
- ❷ 2枚一緒にロックミシンをかける
- ❸ 縫い代は袖側に倒す
- 角で止める
- ❹ 袋布の1枚をつける (p.39 ⑤を参照)

後ろ(裏) / 前(裏) / 袖(裏) / 袋布(表)　3　1

- ❺ 袖下を縫う
- 角でいったん止める
- ❻ 角から脇をポケット口を残して脇を縫う
- ポケット口
- ❼ 縫い代を割る　0.1
- ❽ 袖口を三つ折りミシンでとめる
- ❾ 裾を三つ折りミシンでとめる　0.1

前(裏) / 袖(裏) / 袋布(裏) / 後ろ(表)

※袋布の縫い方はp.40を参照

43

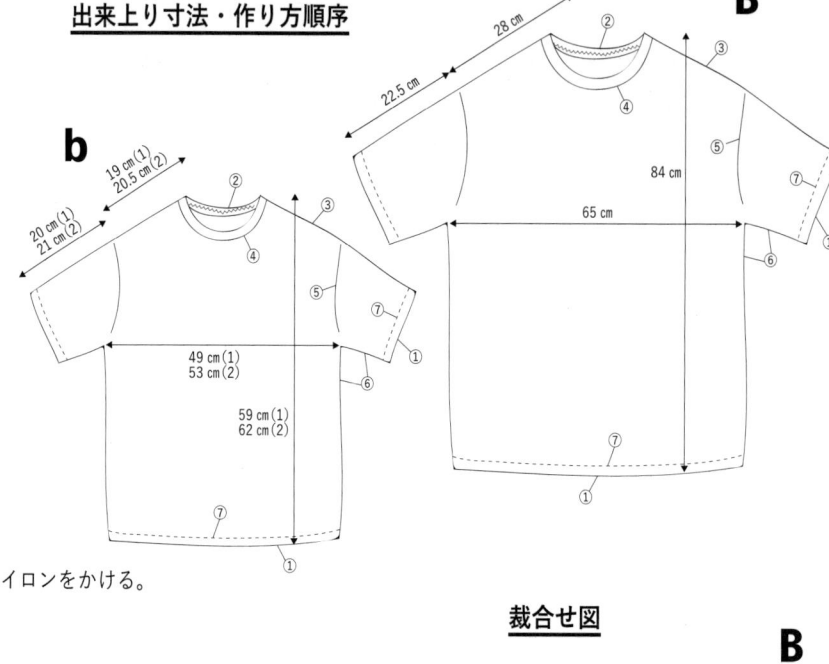

b Tシャツ 小
サイズ 1・2

写真→ p.9
ベーシックでボーイズライクなTシャツです。いろんな色、柄で作ると楽しいですね。

パターン1の裏　b 前、b 後ろ、b 袖、b 衿ぐり布

材料　表布 = 110cm幅 1m（1・2共通）

布選びのポイント
綿レーヨン混の少し落ち感のある天竺カットソーを使用しています。

作り方順序
①袖口を 1.5cm、裾を 2cmの三つ折りにしてアイロンをかける。
②衿ぐり布を作る（p.47 ②を参照）。
③肩を縫う。→図
④衿ぐり布をつける。→図
⑤袖をつける。→図
⑥袖下から脇を縫う。→図
⑦袖口と裾の始末をする。→図

作り方ポイント
ここでは普通のミシンで縫う方法で解説しています。2本針4本糸のロックミシンで縫い合わせる場合は、縫い代は 0.7cmにします。p.35 [ニット素材の縫い方]を参照し、やりやすい方法を選んでください。2本針4本糸のロックミシンがない場合、大きく引き伸ばして着脱する衿ぐりの部分は特に伸びが必要なのでジグザグ縫いにし、充分伸縮するように縫いましょう。

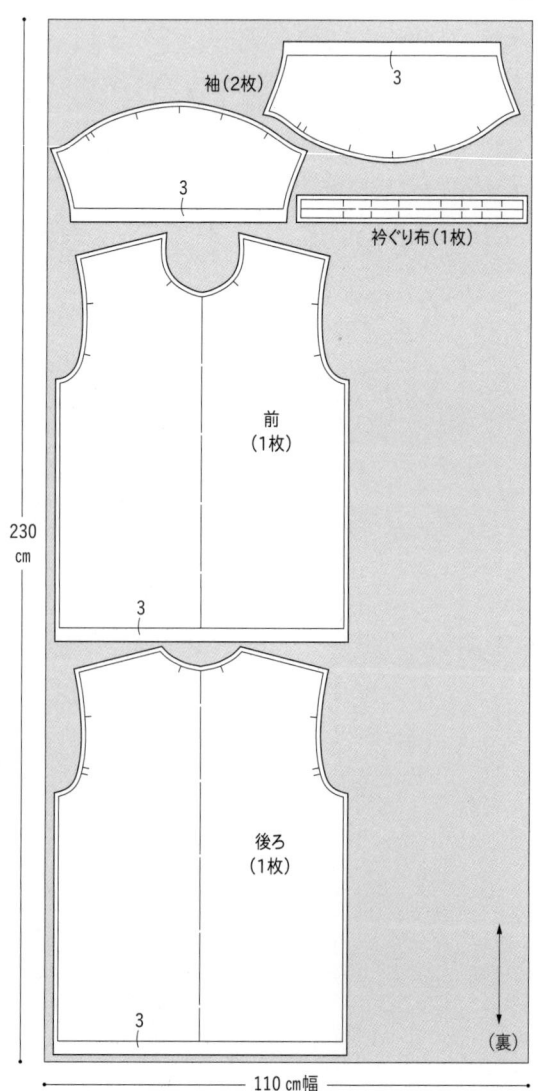

B Tシャツ 大
ワンサイズ

写真→ p.8
ロングトップスとして着られるサイズまで拡大したTシャツ。手持ちのボトムスや身長に合わせて、丈をのばしたり短くしたりアレンジするのもおすすめです。

パターン2の表　B 前、B 後ろ、B 袖、B 衿ぐり布

材料　表布 = 110cm幅 2m30cm

布選びのポイント
綿の少し厚みのある天竺を使用しています。スウェット素材で作るのもおすすめです。

作り方順序、作り方ポイント
bと同様
※①のとき袖口は 2cmの三つ折りにする。

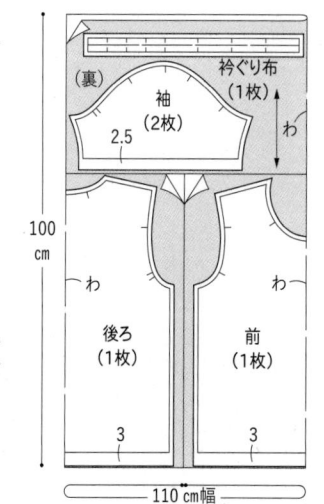

作り方解説図

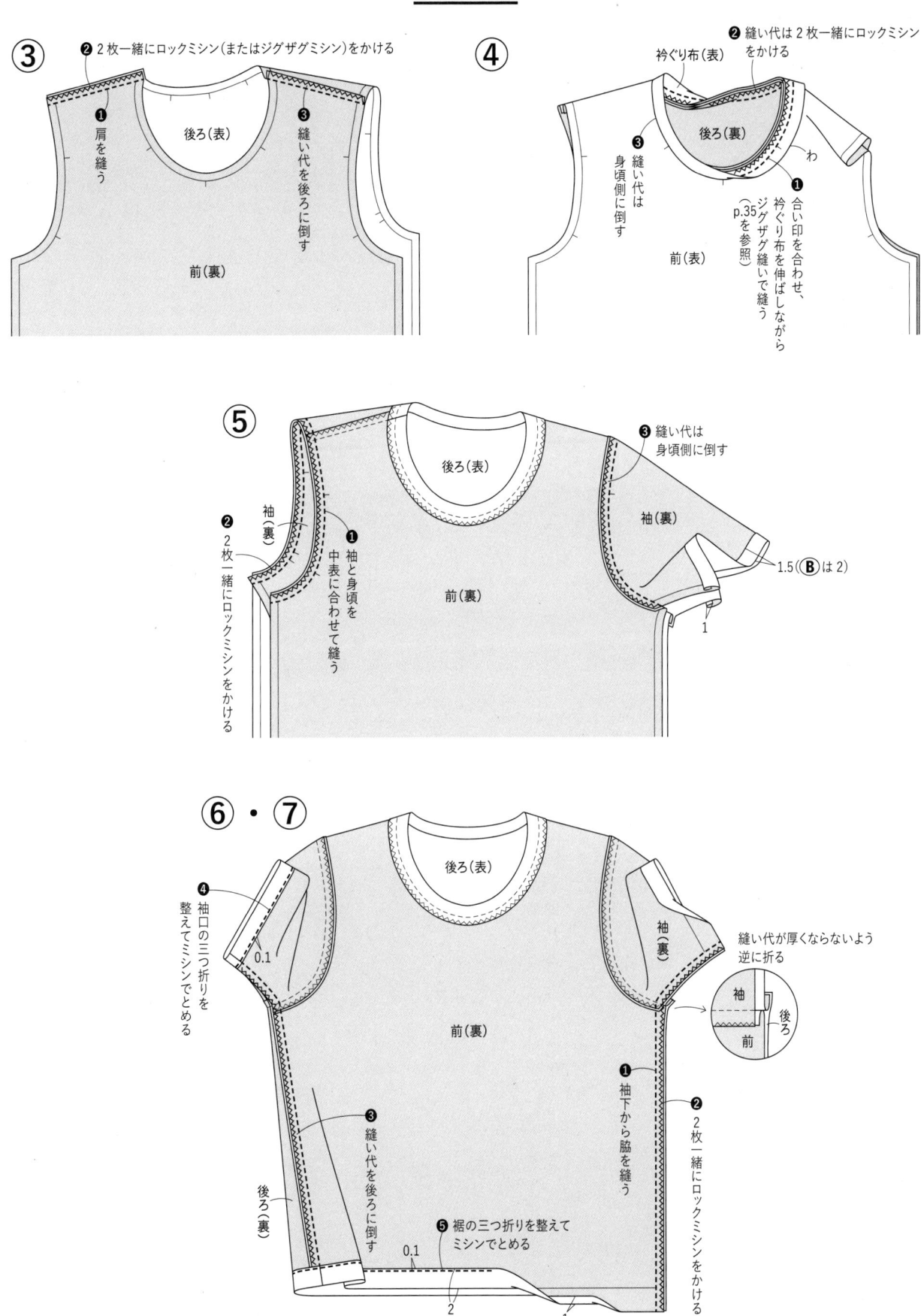

e ラグランスウェット 小
サイズ1・2

写真→ p.14
ショート丈のコンパクトなスウェットです。ロング丈やボリュームのあるボトムと合わせるとかわいい。

パターン2の裏 e前、e後ろ、e袖、e衿ぐり布、e裾布、eカフス

材料 表布＝ 110cm幅 1m40cm(1)
　　　　　　 110cm幅 1m50cm(2)

布選びのポイント
伸びのいいミニ裏毛を使用しています。伸びの少ない素材で作る場合、衿ぐり布、裾布、カフスには身頃と同色のリブを用意しましょう。

作り方順序
①身頃と袖を縫い合わせる。→図
②衿ぐり布をつける。→図
③袖下から脇を続けて縫う。→図
④カフスと裾布をつける。→図

作り方ポイント
ここでは普通のミシンで縫う方法で解説しています。2本針4本糸のロックミシンで縫い合わせる場合は、縫い代は0.7cmにします。p.35［ニット素材の縫い方］を参照し、やりやすい方法を選んでください。2本針4本糸のロックミシンがない場合、大きく引き伸ばして着脱する衿ぐりの部分はジグザグ縫いにして充分伸縮するように縫いましょう。

出来上り寸法・作り方順序

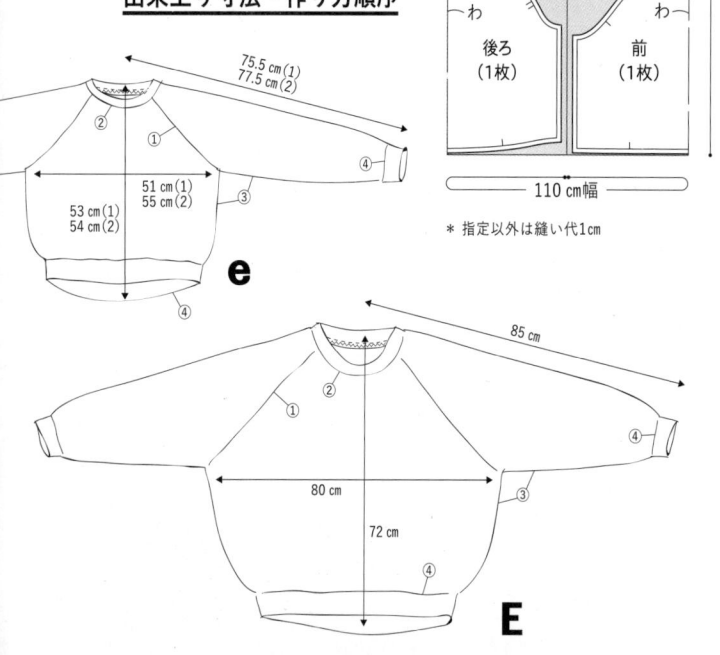

75.5 cm(1)
77.5 cm(2)
51 cm(1)
55 cm(2)
53 cm(1)
54 cm(2)

85 cm
80 cm
72 cm

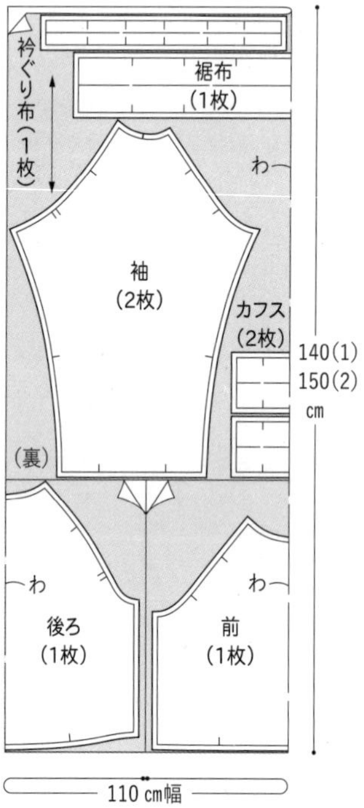

＊ 指定以外は縫い代1cm

E ラグランスウェット 大
ワンサイズ

写真→ p.15
オーバーサイズが逆にきゃしゃさを際立てるゆったりサイズのスウェット。タイトスカートや細身のパンツなどコンパクトなボトムに合います。

パターン1の裏 E前、E後ろ、E袖、E衿ぐり布、E裾布
パターン2の裏 Eカフス

材料 表布＝ 110cm幅 2m40cm

布選びのポイント、作り方順序、作り方ポイント
eと同様

裁合せ図

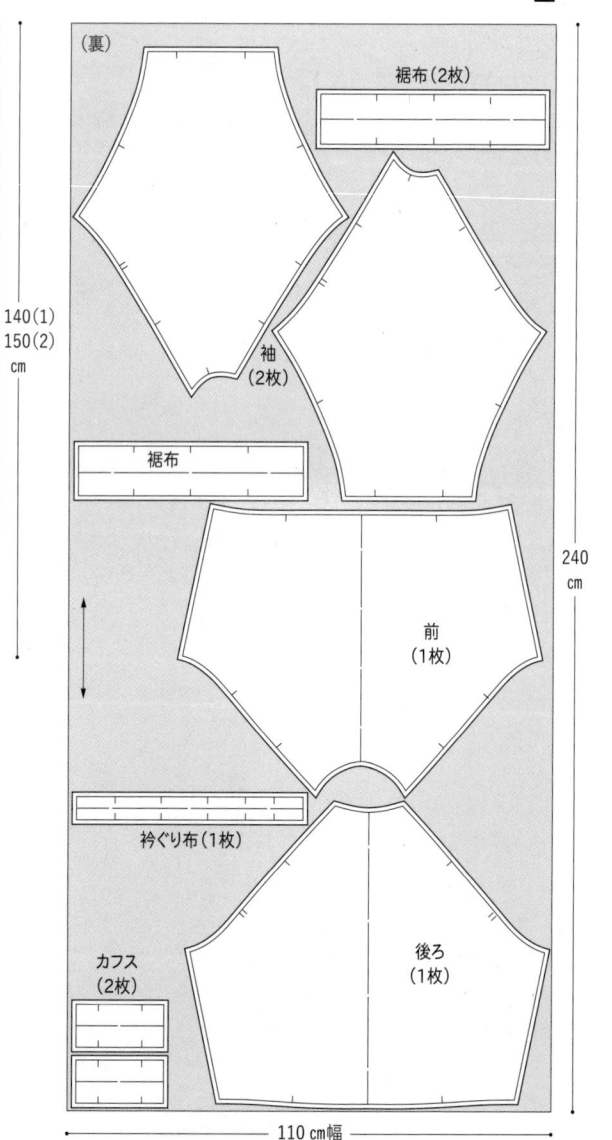

作り方解説図

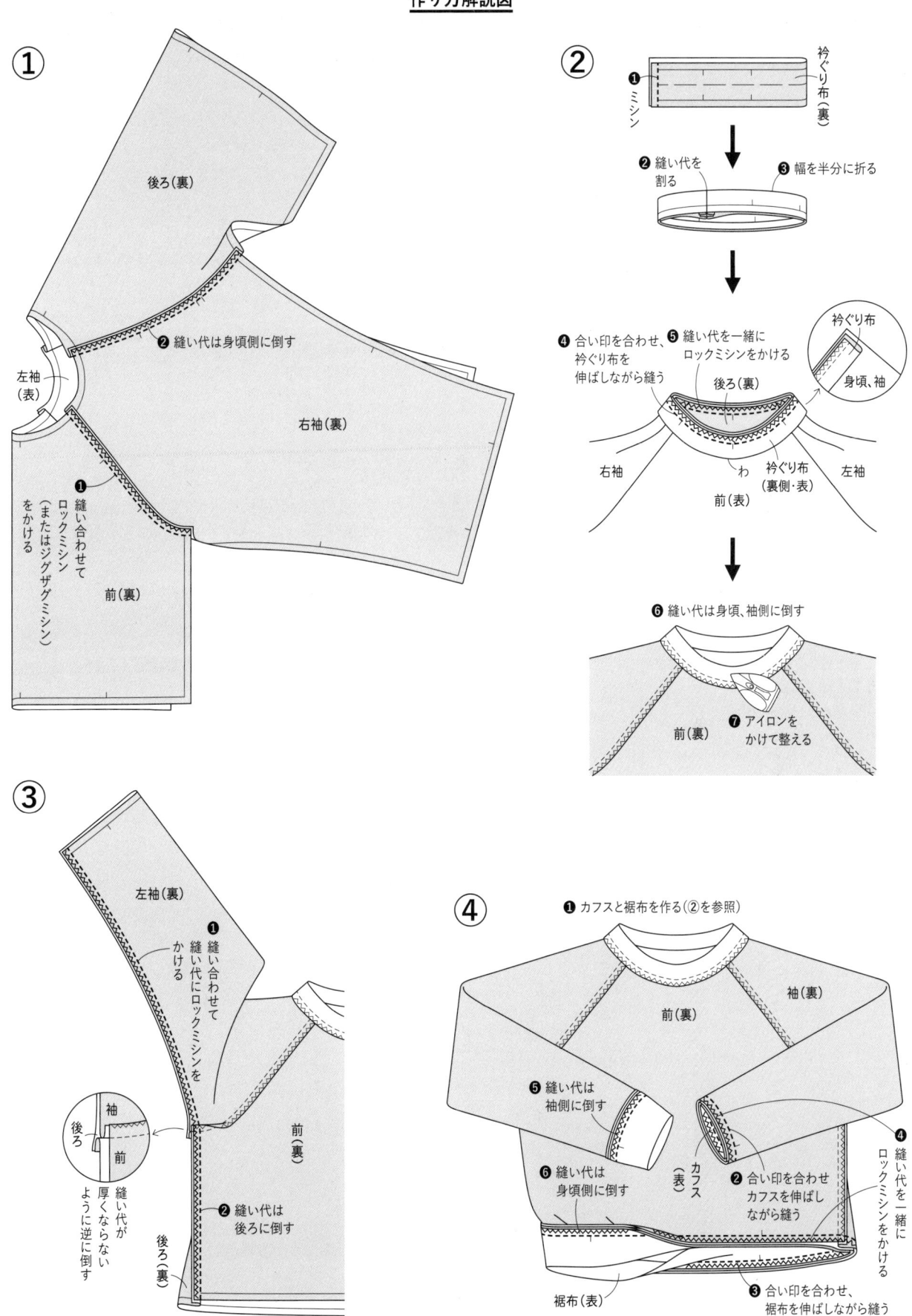

①
- ❶ 縫い合わせてロックミシン（またはジグザグミシン）をかける
- ❷ 縫い代は身頃側に倒す

後ろ（裏）／左袖（表）／右袖（裏）／前（裏）

②
- ❶ ミシン
- 衿ぐり布（裏）
- ❷ 縫い代を割る
- ❸ 幅を半分に折る
- ❹ 合い印を合わせ、衿ぐり布を伸ばしながら縫う
- ❺ 縫い代を一緒にロックミシンをかける

後ろ（裏）／右袖／わ／前（表）／衿ぐり布（裏側・表）／左袖／衿ぐり布／身頃、袖

- ❻ 縫い代は身頃、袖側に倒す
- ❼ アイロンをかけて整える

前（裏）

③
- ❶ 縫い合わせて縫い代にロックミシンをかける
- ❷ 縫い代は後ろに倒す

左袖（裏）／前（裏）／後ろ（裏）

袖／後ろ／前　縫い代が厚くならないように逆に倒す

④
- ❶ カフスと裾布を作る（②を参照）
- ❷ 合い印を合わせカフスを伸ばしながら縫う
- ❸ 合い印を合わせ、裾布を伸ばしながら縫う
- ❹ 縫い代を一緒にロックミシンをかける
- ❺ 縫い代は袖側に倒す
- ❻ 縫い代は身頃側に倒す

前（裏）／袖（裏）／カフス（表）／裾布（表）

47

i シャツ 小
サイズ 1・2

写真→ p.23、25
小さめの衿がきれいな印象のコンパクトなシャツ。長めの袖はくるくると折り上げて着るのもかわいい。ツータックパンツやプリーツスカートなどのきちんとした印象のアイテムと合わせたコーディネートがおすすめです。
合わせたハーフパンツ：**K**の丈を短くしたもの

パターン2の裏 i前、i後ろ、i袖、i衿、i台衿、iポケット

材料　表布＝ 110cm幅 1m80cm(1)
　　　　　　　110cm幅 2m20cm(2)
　　　　（以下1・2共通）
　　　　接着芯＝ 90cm幅 70cm
　　　　ボタン＝ 直径1.1cm 7個

布選びのポイント
綿のシーチングを使用しています。シルクやテンセルなど落ち感のある素材を選べば大人っぽい仕上がりになります。

作り方順序
① 袖口は2cm、ポケット口は2.5cm、前端は印どおりに三つ折りに、裾は厚紙の型紙を使って三つ折りにしてアイロンをかける。→図
② ポケットを作って前身頃につける(p.38 ②を参照)。
③ 後ろ中心のタックを縫う。→図
④ 前端を縫う。→図
⑤ 肩と脇を縫い、縫い代を割る。→図
⑥ 袖を作る(p.42 ⑤を参照)。
⑦ 袖をつける(p.43 ⑥・⑦ⓗの場合を参照)。
⑧ 衿を作る。→図
⑨ 衿をつける。→図
⑩ 裾の始末をする。→図
⑪ ボタンホールを作り、ボタンをつける。→図

I シャツ 大
ワンサイズ

写真→ p.22
シャツをワンピースとして着られるサイズまで拡大しました。一枚でも着られるほか、前をあけてはおってもおしゃれ。ダブルに仕上げた袖は折ってものばしても。

パターン1の表　**I**前、**I**後ろ、**I**袖、**I**ポケット
パターン2の表　**I**袋布
パターン2の裏　**I**衿、**I**台衿

材料　表布＝ 110cm幅 2m80cm
　　　　接着芯＝ 90cm幅 1m
　　　　接着テープ＝ 1cm幅 35cm
　　　　ボタン＝ 直径1.1cm 9個

布選びのポイント
高密度な綿素材のタイプライターを使用しています。**i**と同様シルクやテンセルなど落ち感のある素材を選べば大人っぽい仕上がりになります。

作り方順序
①〜⑤、⑦〜⑪は**i**と同様
※①のとき、袖は2重仕立てなので袖口は折らない。
※⑤で脇を縫うとき、ポケット口を縫い残し、ポケットを作る(p.39 ⑤、p.40 を参照)。
※⑥で袖を作るとき、p.50 ⑥の図参照。

出来上り寸法・作り方順序

i
20.5 cm / 22 cm(2)
26.5 cm(1) / 28 cm(2)
50 cm(1) / 54 cm(2)
74 cm(1) / 76 cm(2)

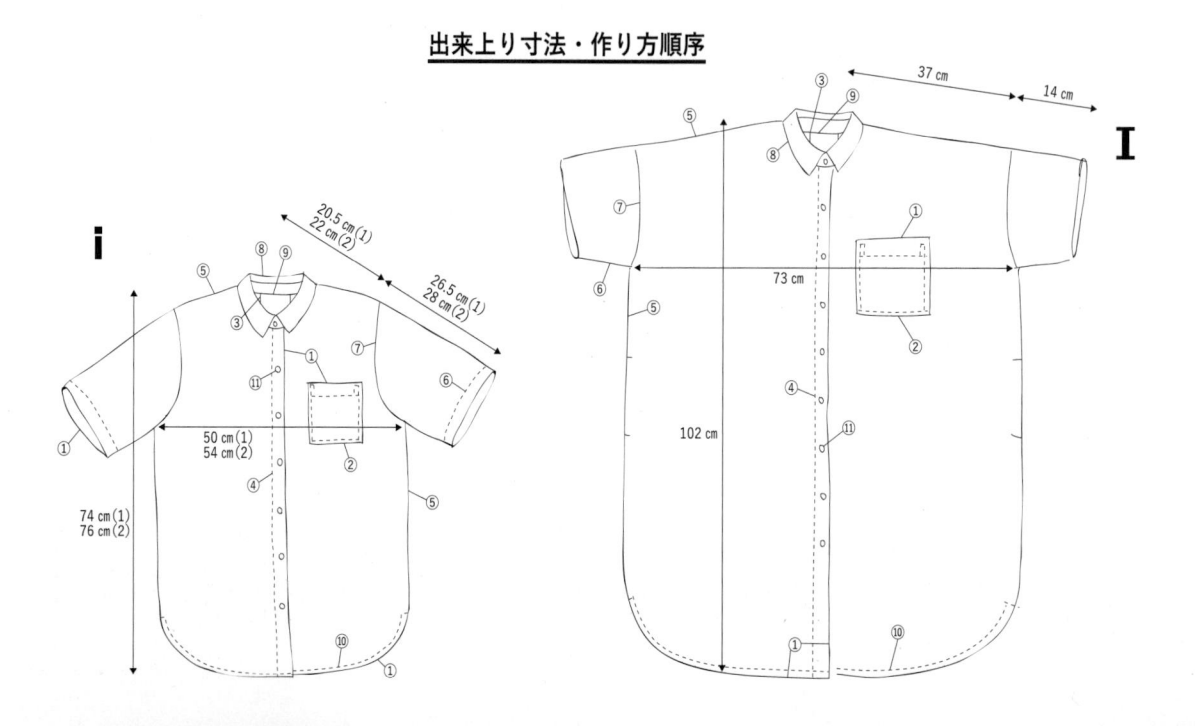

I
37 cm　14 cm
73 cm
102 cm

裁合せ図

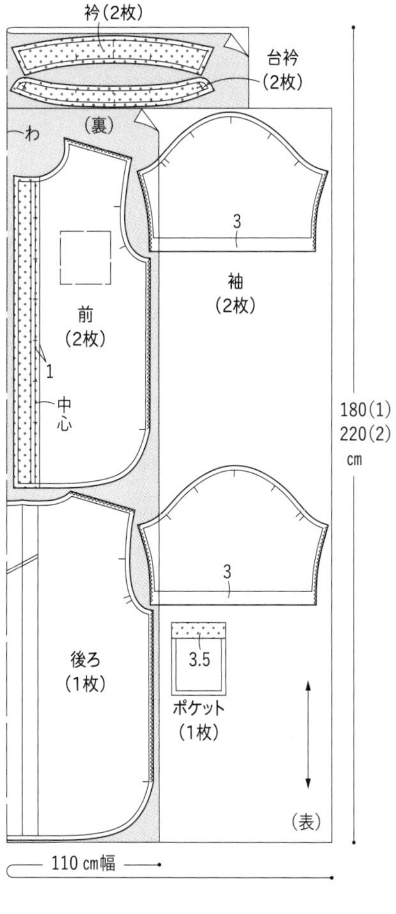

衿(2枚)
台衿
(2枚)
(裏)
わ
前
(2枚)
1
中
心
袖
(2枚)
3
3
180(1)
220(2)
cm
後ろ
(1枚)
3.5
ポケット
(1枚)
(表)
110 cm幅

i

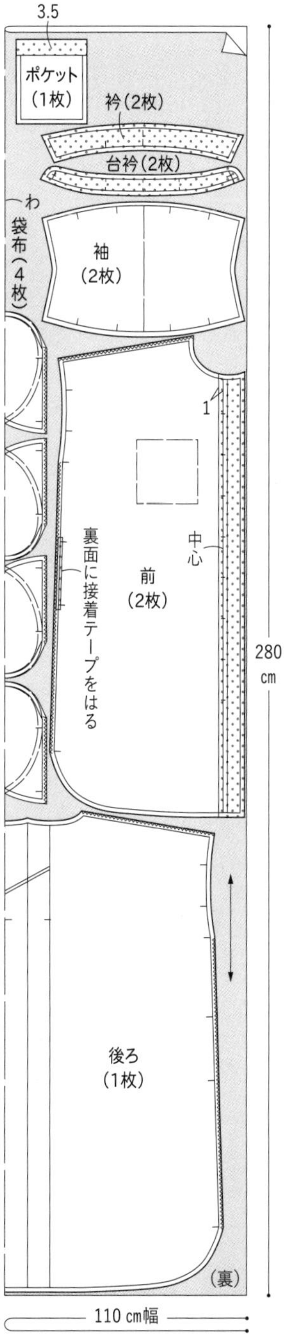

3.5
ポケット
(1枚)
衿(2枚)
台衿(2枚)
わ
袋布(4枚)
袖
(2枚)
1
中
心
前
(2枚)
裏面に接着テープをはる
280
cm
後ろ
(1枚)
(裏)
110 cm幅

I

* 指定以外は縫い代1cm
* [ドット柄]は裏面に接着芯・接着テープをはる
* 〰〰〰は縫い合わせる前に
ロックミシン(またはジグザグミシン)
をかけておく

作り方解説図

①

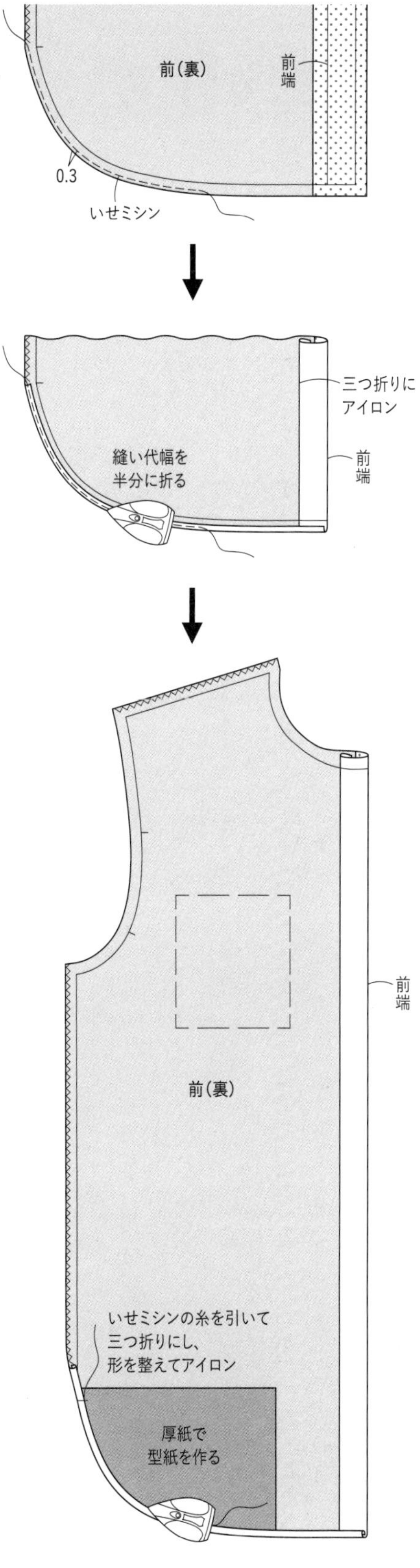

前(裏)
前
端
0.3
いせミシン
三つ折りに
アイロン
前
端
縫い代幅を
半分に折る
前
端
前(裏)
いせミシンの糸を引いて
三つ折りにし、
形を整えてアイロン
厚紙で
型紙を作る

i / I

③

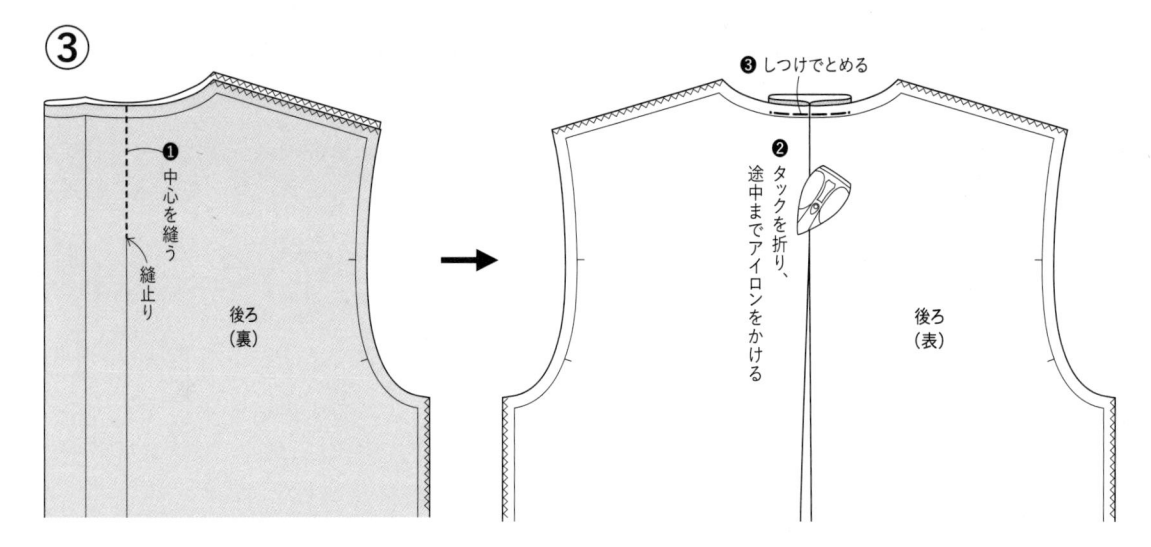

- ❶ 中心を縫う
- 縫止り
- 後ろ(裏)

→

- ❸ しつけでとめる
- ❷ タックを折り、途中までアイロンをかける
- 後ろ(表)

④・⑤

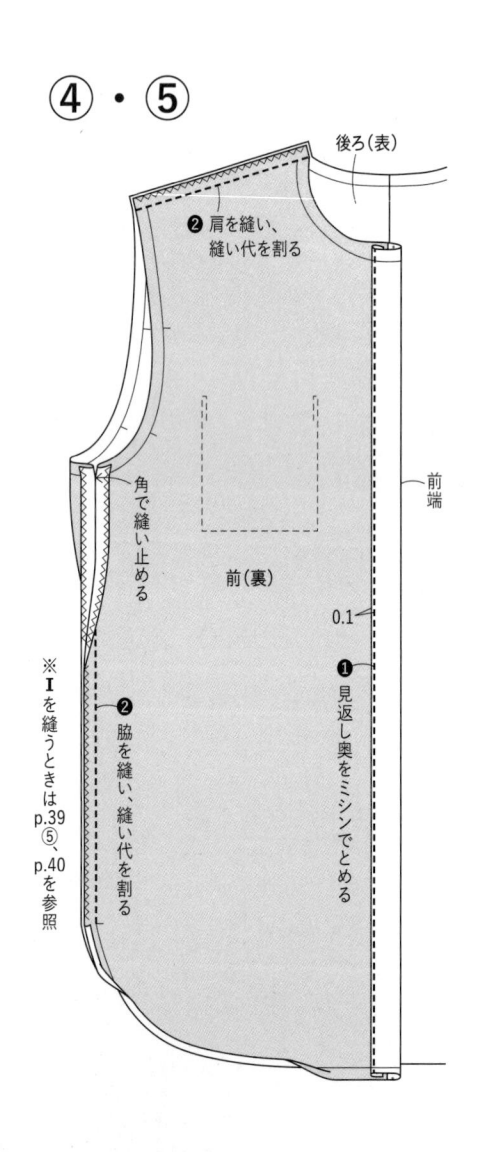

- 後ろ(表)
- ❷ 肩を縫い、縫い代を割る
- 角で縫い止める
- 前(裏)
- 前端
- 0.1
- ❶ 見返し奥をミシンでとめる
- ❷ 脇を縫い、縫い代を割る
- ※ I を縫うときは p.39 ⑤、p.40 を参照

⑥（I の場合）

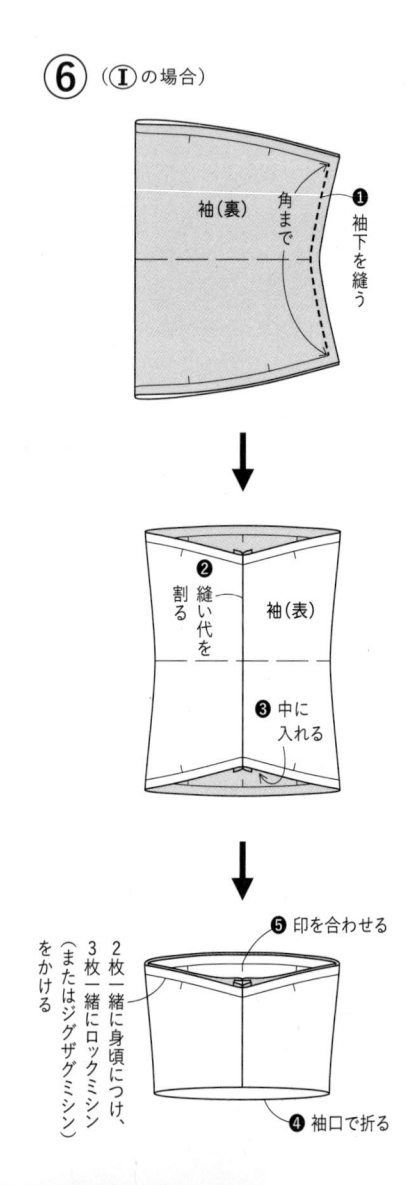

- 袖(裏)
- 角まで
- ❶ 袖下を縫う

↓

- ❷ 縫い代を割る
- 袖(表)
- ❸ 中に入れる

↓

- ❺ 印を合わせる
- 2枚一緒に身頃につけ、3枚一緒にロックミシン（またはジグザグミシン）をかける
- ❹ 袖口で折る

⑧

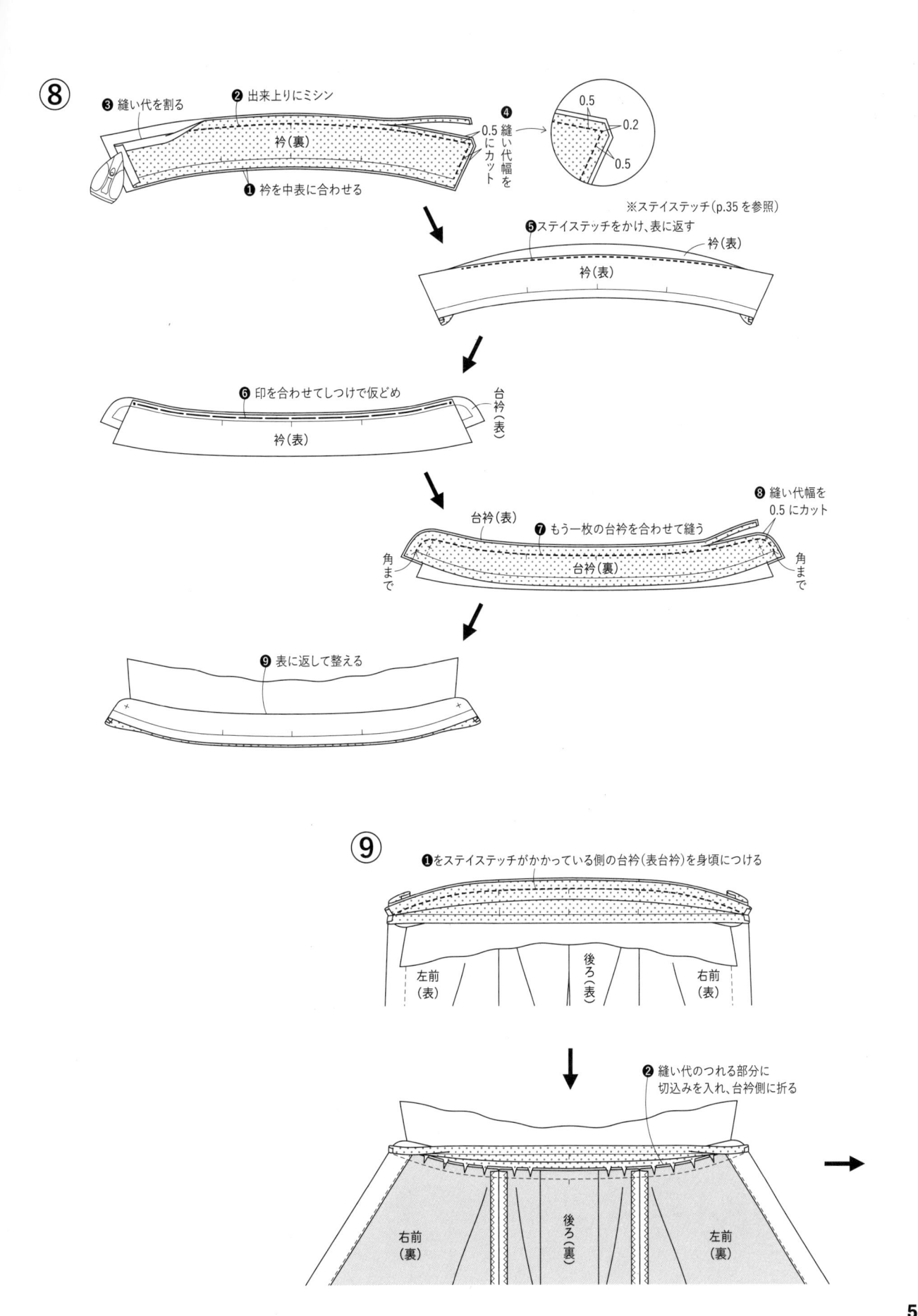

❸ 縫い代を割る
❷ 出来上りにミシン
❶ 衿を中表に合わせる
衿(裏)
❹ 縫い代幅を0.5にカット

0.5
0.2
0.5

※ステイステッチ(p.35を参照)

❺ ステイステッチをかけ、表に返す
衿(表)

❻ 印を合わせてしつけで仮どめ
台衿(表)
衿(表)

❽ 縫い代幅を0.5にカット
台衿(表)
❼ もう一枚の台衿を合わせて縫う
角まで
台衿(裏)
角まで

❾ 表に返して整える

⑨

❶ をステイステッチがかかっている側の台衿(表台衿)を身頃につける

左前(表)　後ろ(表)　右前(表)

❷ 縫い代のつれる部分に切込みを入れ、台衿側に折る

右前(裏)　後ろ(裏)　左前(裏)

51

i・I

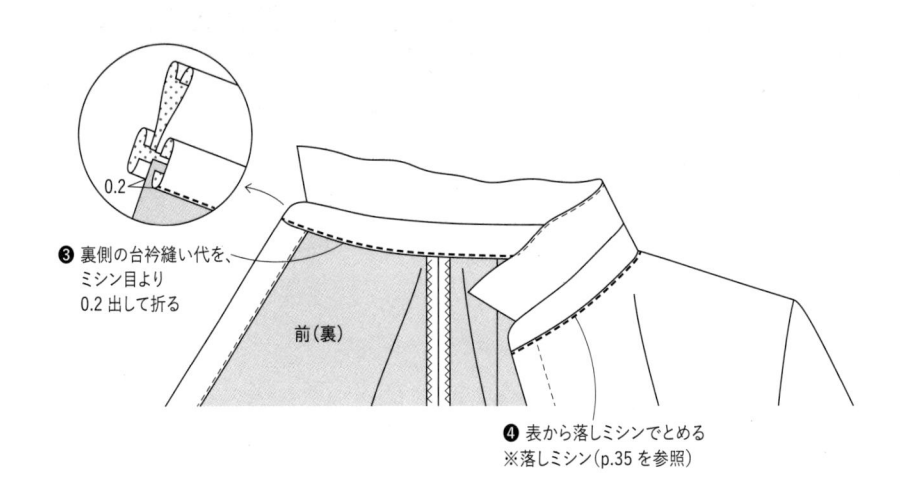

❸ 裏側の台衿縫い代を、ミシン目より0.2出して折る

0.2

❹ 表から落しミシンでとめる
※落しミシン(p.35 を参照)

⑩・⑪

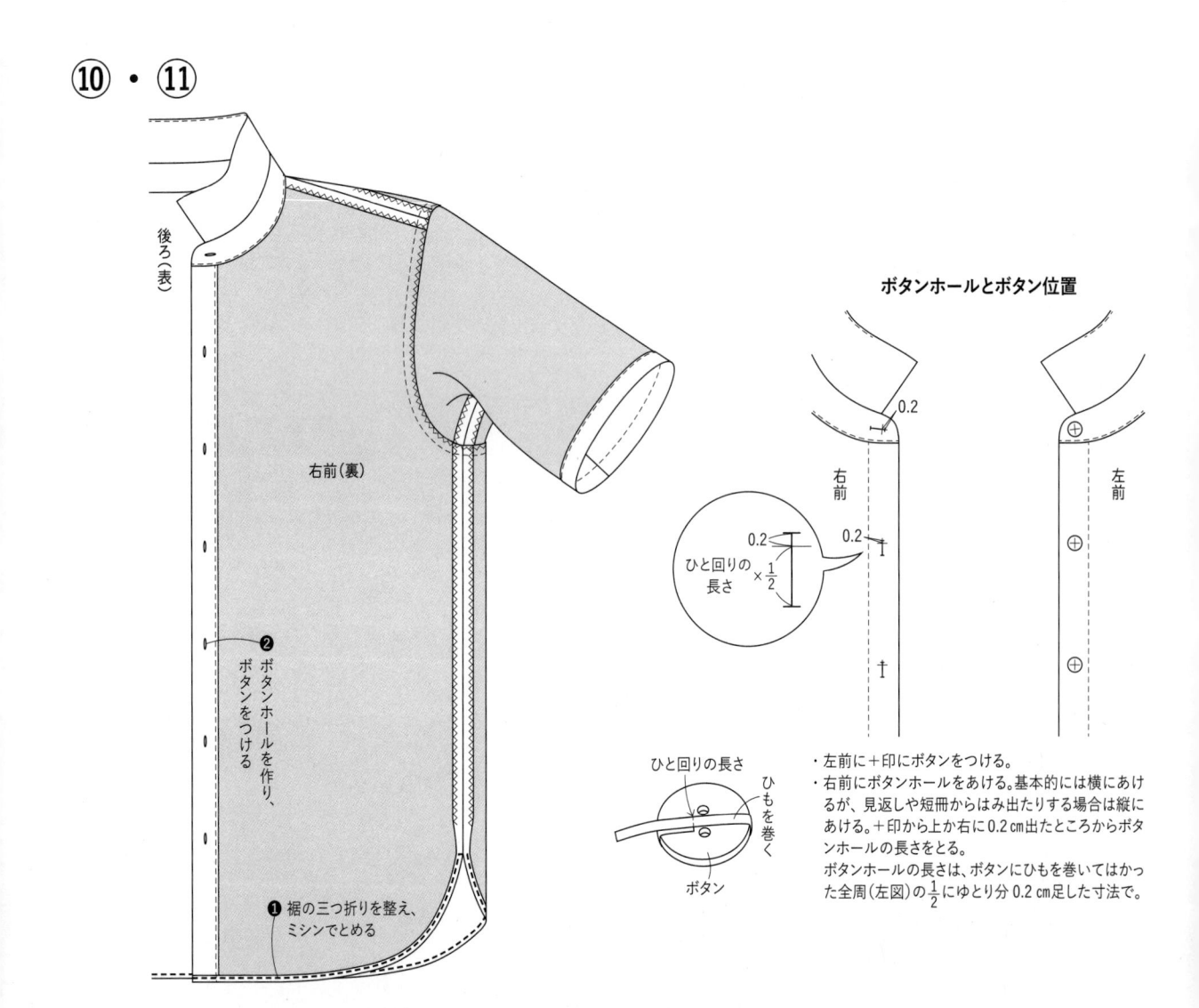

後ろ(表)

右前(裏)

❷ ボタンホールを作り、ボタンをつける

❶ 裾の三つ折りを整え、ミシンでとめる

ボタンホールとボタン位置

0.2

右前　　左前

ひと回りの長さ × $\frac{1}{2}$

0.2　0.2

ひと回りの長さ
ひもを巻く
ボタン

・左前に＋印にボタンをつける。
・右前にボタンホールをあける。基本的には横にあけるが、見返しや短冊からはみ出たりする場合は縦にあける。＋印から上か右に0.2㎝出たところからボタンホールの長さをとる。
ボタンホールの長さは、ボタンにひもを巻いてはかった全周(左図)の$\frac{1}{2}$にゆとり分0.2㎝足した寸法で。

d ジャケット 小
サイズ 1・2

写真→ p.12
ダーツもポケットもないカジュアルな七分袖ジャケットです。ボトムにボリュームのあるスカートやパンツを合わせるのもかわいいと思います。
合わせたTシャツ：**b**、パンツ：**c**

パターン 2 の裏　**d** 前・見返し（重なったパターンなのでそれぞれかき写す）、**d** 後ろ、**d** 袖、**d** 衿

材料（すべて 1・2 共通）　表布 = 110cm幅 2m
　　　　　　　　　　　　接着芯 = 90cm幅 70cm
　　　　　　　　　　　　ボタン = 直径 2.2cm 1 個

布選びのポイント
綿のシャツ地を使用しています。ストレッチのある生地で作れば、カーディガン代りとして気軽に使えます。

作り方順序
①袖口と裾を 4cm の三つ折りにしてアイロンをかける。
②肩と脇を縫い、縫い代を割る。
③袖下を縫い、縫い代を割る（p.42 ⑤ **h** の場合を参照）。
④袖をつける（p.43 ⑥・⑦ **h** の場合を参照）。
⑤身頃と見返しにそれぞれ衿をつける。→図
⑥衿外回りから前端を縫う。→図
⑦表に返して整え、後ろ衿ぐりをとめる。→図
⑧見返し奥、裾、袖口を始末する。
⑨ボタンホールを作り、ボタンをつける（p.52 参照）。

☆裁合せ図は p.55

D ジャケット 大
ワンサイズ

写真→ p.13
メンズのコートのサイズに近い、大きなジャケットです。女の人が腕まくりをしてだぼっと着るのが逆にかわいいと思います。
合わせたTシャツ：**b**、パンツ：**c**

パターン 1 の裏　**D** 前・見返し（重なったパターンなのでそれぞれかき写す）、**D** 後ろ、**D** 袖、**D** 衿、**D** ポケット

材料　表布 = 110cm幅 3m70cm
　　　　接着芯 = 90cm幅 1m20cm
　　　　ボタン = 直径 2.5cm 1 個

布選びのポイント
綿のシャツ地を使用してスプリングコート風に仕上げています。黒のレーヨンなどで作れば大人っぽく、薄手のウールなどで作れば秋に着られるコートになりますが、初めはあまり厚すぎない素材のほうが扱いやすいでしょう。

作り方順序
①袖口と裾を 5cm、ポケット口を 4.5cm の三つ折りにしてアイロンをかける。
②ポケットを身頃につける（p.38 ②を参照）。見返し奥をステッチでとめる場合は、⑧の後につける。
③肩を縫い割る。
④袖をつけ、袖下から脇を縫い、縫い代を割る（p.43 ⑤・⑥・⑦ **H** の場合を参照）。
⑤～⑨は **d** と同様。

☆裁合せ図は p.55

出来上り寸法・作り方順序

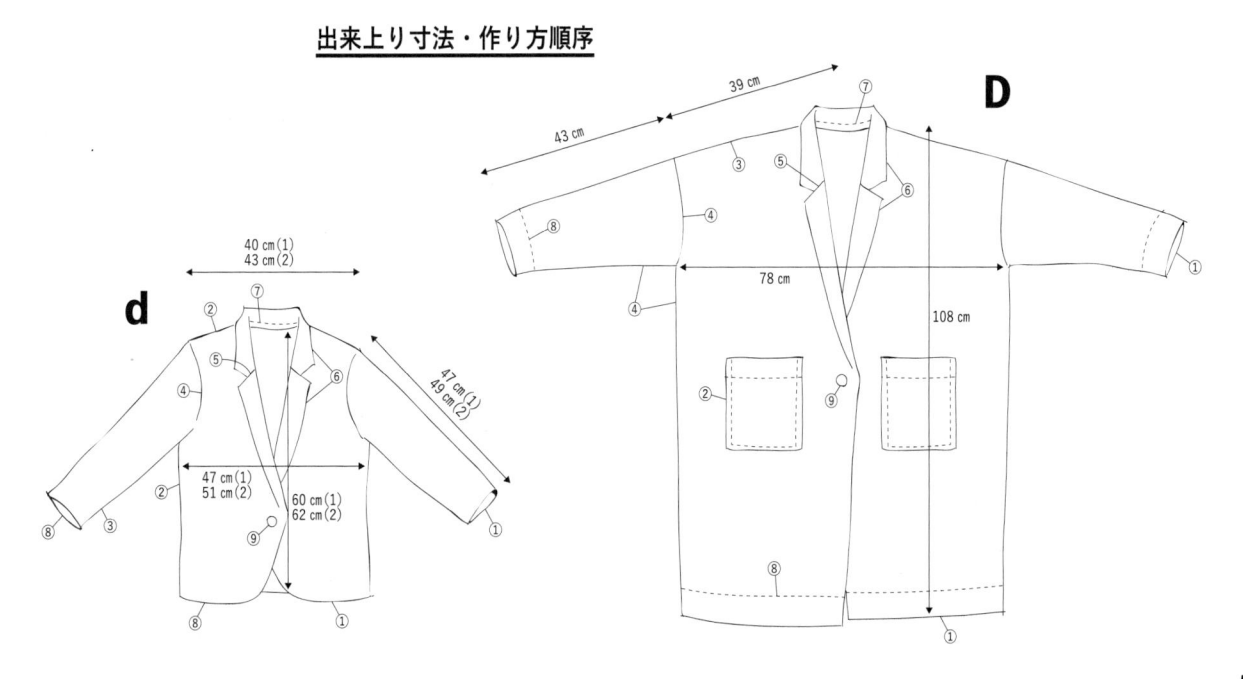

(d / D)

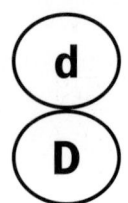

⑤・⑥

作り方解説図

❶ 身頃と衿を中表に合わせて縫う（つけ止りまで）
❷ つれる部分の縫い代に切込み
❸ 縫い代をいったん割る

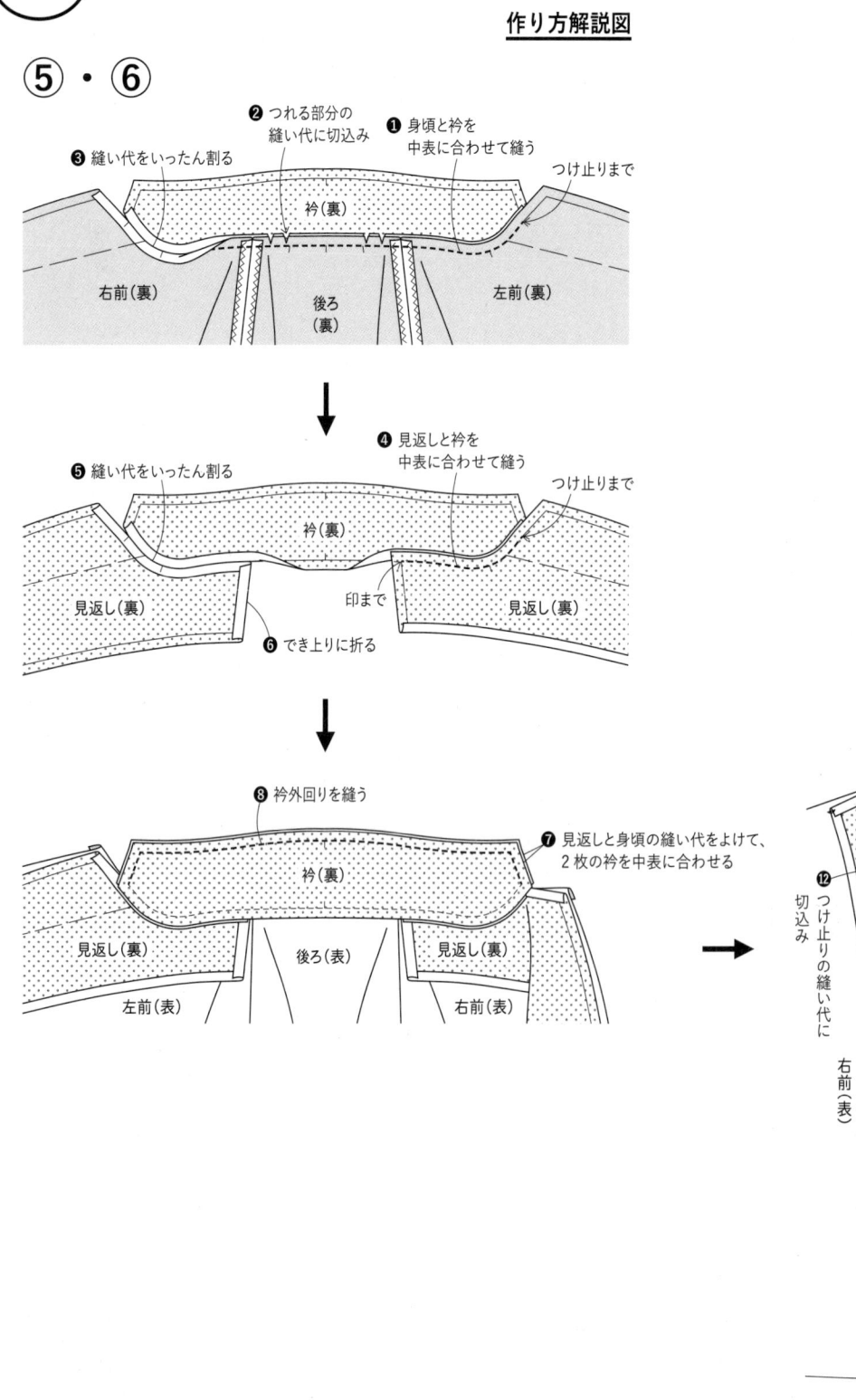

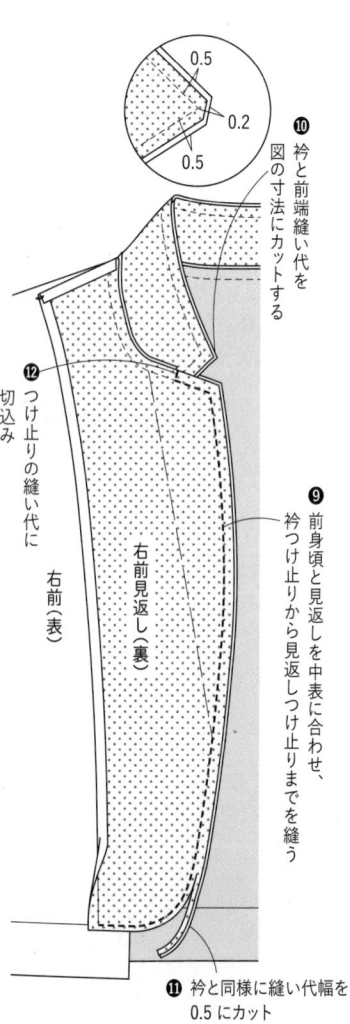

衿(裏) ／ 右前(裏) ／ 後ろ(裏) ／ 左前(裏)

❹ 見返しと衿を中表に合わせて縫う（つけ止りまで）
❺ 縫い代をいったん割る
❻ でき上りに折る
印まで

衿(裏) ／ 見返し(裏) ／ 見返し(裏)

❼ 見返しと身頃の縫い代をよけて、2枚の衿を中表に合わせる
❽ 衿外回りを縫う

衿(裏) ／ 見返し(裏) ／ 左前(表) ／ 後ろ(表) ／ 見返し(裏) ／ 右前(表)

0.5 / 0.2 / 0.5

❾ 前身頃と見返しを中表に合わせ、衿つけ止りから見返しつけ止りまでを縫う
❿ 衿と前端縫い代を図の寸法にカットする
⓫ 衿と同様に縫い代幅を0.5にカット
⓬ つけ止りの縫い代に切込み

右前見返し(裏) ／ 右前(表)

⑦・⑧・⑨

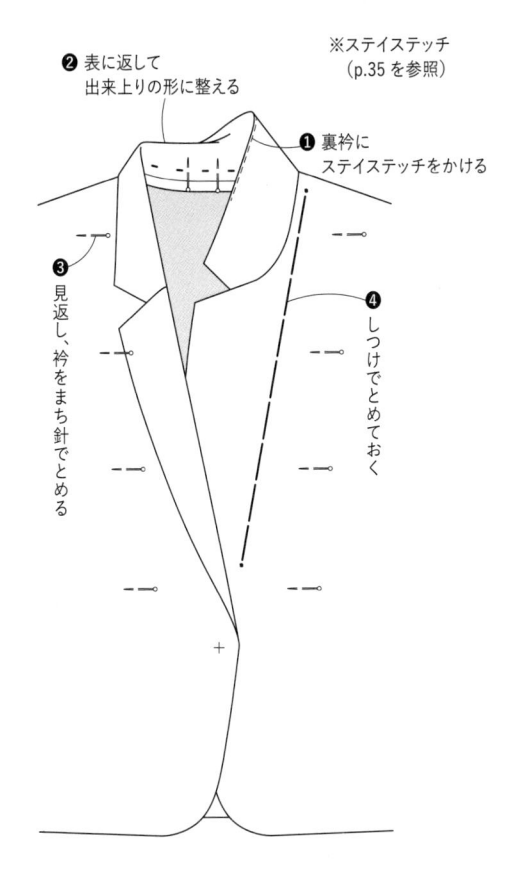

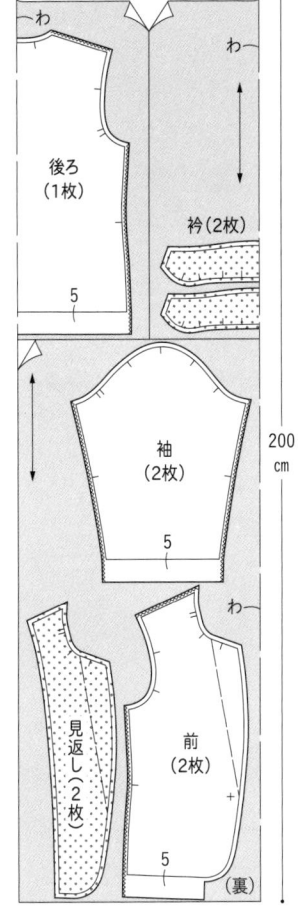

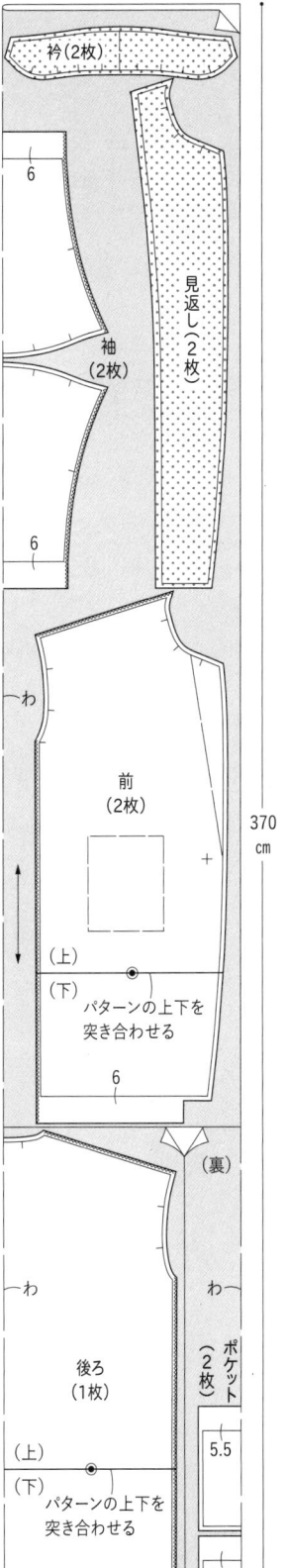

❶ 裏衿にステイステッチをかける
※ステイステッチ（p.35を参照）
❷ 表に返して出来上がりの形に整える
❸ 見返し、衿をまち針でとめる
❹ しつけでとめておく
❺ 裏側の衿の縫い代を0.2出して折る
❻ 表から落しミシンでとめる
※落しミシン（p.35参照）
❼ 見返し奥と肩、裾と袖口折り代をまつる。ステッチでとめてもよい
※見返し奥はとめなくてもよい
※まつり縫い（p.35を参照）
❽ ボタンをつけ、ボタンホールを作る

前見返し
左前（裏）

裁合せ図

後ろ（1枚）
衿（2枚）
袖（2枚）
見返し（2枚）
前（2枚）（裏）

200 cm
110 cm幅

d

* 指定以外は縫い代1cm
* ︙︙は裏面に接着芯をはる
* ——は縫い合わせる前にロックミシン（またはジグザグミシン）をかけておく

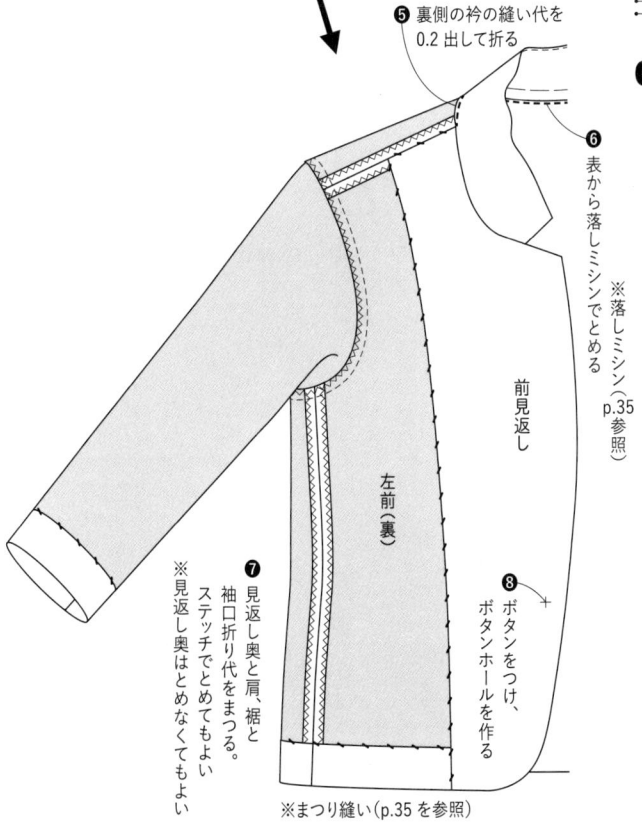

衿（2枚）
袖（2枚）
見返し（2枚）
前（2枚）
（上）（下）パターンの上下を突き合わせる
後ろ（1枚）
ポケット（2枚）
5.5
5.5
（上）（下）パターンの上下を突き合わせる

370 cm
110 cm幅

D

55

g フーディー 小
サイズ 1・2

写真→ p.18
スポーティなフードつきプルオーバー。袖口と裾は風が入らないようゴム仕様になっています。スカートを合わせるとギャップがかわいいコーディネートになります。
合わせたハーフパンツ：**c**の丈を短くしたもの

パターン2の表　g前、g後ろ、g袖、gフード、gフード見返し、gポケット、gフラップ

材料　表布 = 110cm幅 2m20cm(1)
　　　　　　110cm幅 2m40cm(2)
　　　　（以下1・2共通）
　　　　接着芯 = 25 × 75cm
　　　　ゴムテープ = 1.5cm幅 1m10cm〜1m20cm

布選びのポイント
ポリエステル100%のウィンドブレーカー風の生地を使用しています。中厚のコットンでビンテージパーカー風に作るのもおすすめです。

作り方順序
①前のフードつけ位置の角の始末をする。→図
②袖口は1.5cm、裾は2cm、ポケット口は2.5cmの三つ折りに、フード見返し奥はでき上りに折ってアイロンをかける。
③ポケットを作ってつける(p.38②を参照)。
④フラップを作ってつける。→図
⑤肩と脇を縫い、縫い代を割る(p.50④・⑤を参照)。
⑥袖下を縫って縫い代を割り、身頃につける(p.42⑤、p.43⑥・⑦**h**の場合を参照)。
⑦フードを作る。→図
⑧フードをつける。→図
⑨袖口と裾の三つ折りを整えて縫い、ゴムテープを通す(p.75⑤を参照)。

作り方ポイント
前衿ぐりの角を、あらかじめ薄手の布（裏布や木綿布）で始末しておくと楽にきれいに縫うことができます。ソーイングに慣れたかたなら角に接着芯をはり、切込みを入れながら縫うと手早くできます。

G フーディー 大
ワンサイズ

写真→ p.19
フードのディテールはそのままに大きなポンチョに仕上げました。タイトスカートなどで女性らしさをプラスしたり、スウェットパンツやニットキャップなどでメンズライクに着るのもかわいいと思います。
合わせたハーフパンツ：**c**の丈を短くしたもの

パターン1の裏　G前・後ろ（重なったパターンなのでそれぞれかき写す）、G袖口見返し、Gポケット、Gフラップ
パターン2の表　Gフード、Gフード見返し、G袋布

材料　110cm幅 2m90cm
　　　　接着芯 = 40 × 80cm
　　　　接着テープ = 1cm幅 35cm

布選びのポイント
薄手で張りのある軽いコットンを使用しています。薄手のメルトンやウールを使って冬用のアウターとして作るのもおすすめです。

作り方順序
①・③・④は**g**と同様。
②ポケット口と裾を3cmの三つ折りに、フード見返し奥はでき上りに折ってアイロンをかける。
⑤肩を縫い割り、袖口見返しをつける。→図
⑥脇ポケットの袋布をつけ、脇を縫い割り、見返しの始末をする。→図
　脇ポケットを作る(p.39⑤、p.40を参照)。
⑦〜⑧は**g**と同様。
⑨裾の三つ折りを整えてミシンでとめる。

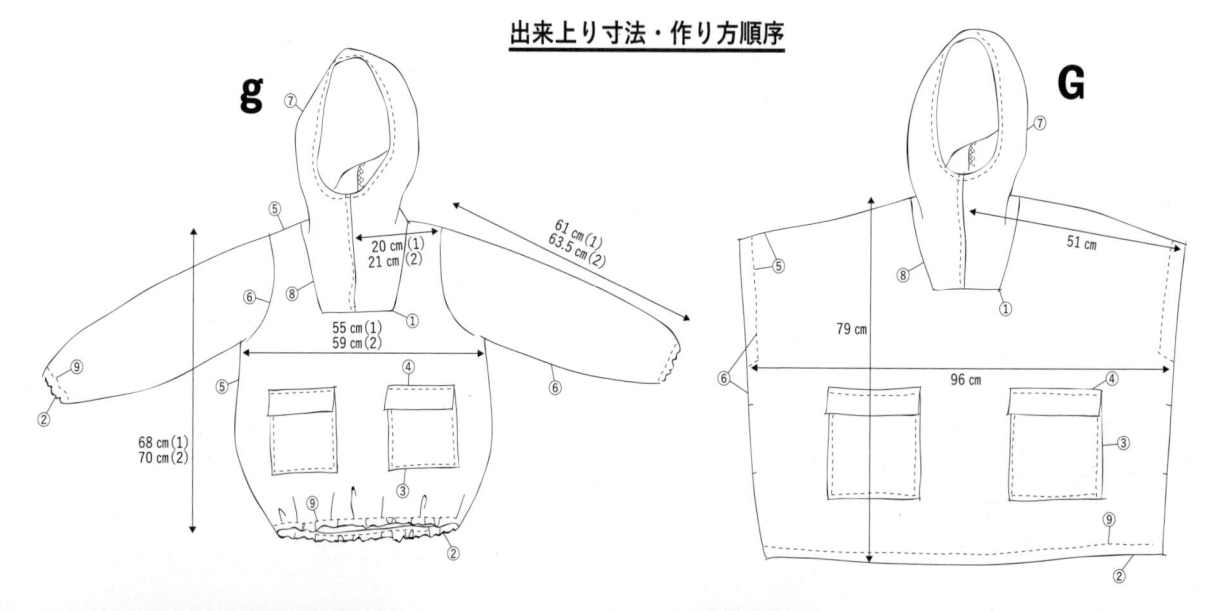

出来上り寸法・作り方順序

g
20 cm(1)
21 cm(2)
61 cm(1)
63.5 cm(2)
55 cm(1)
59 cm(2)
68 cm(1)
70 cm(2)

G
51 cm
79 cm
96 cm

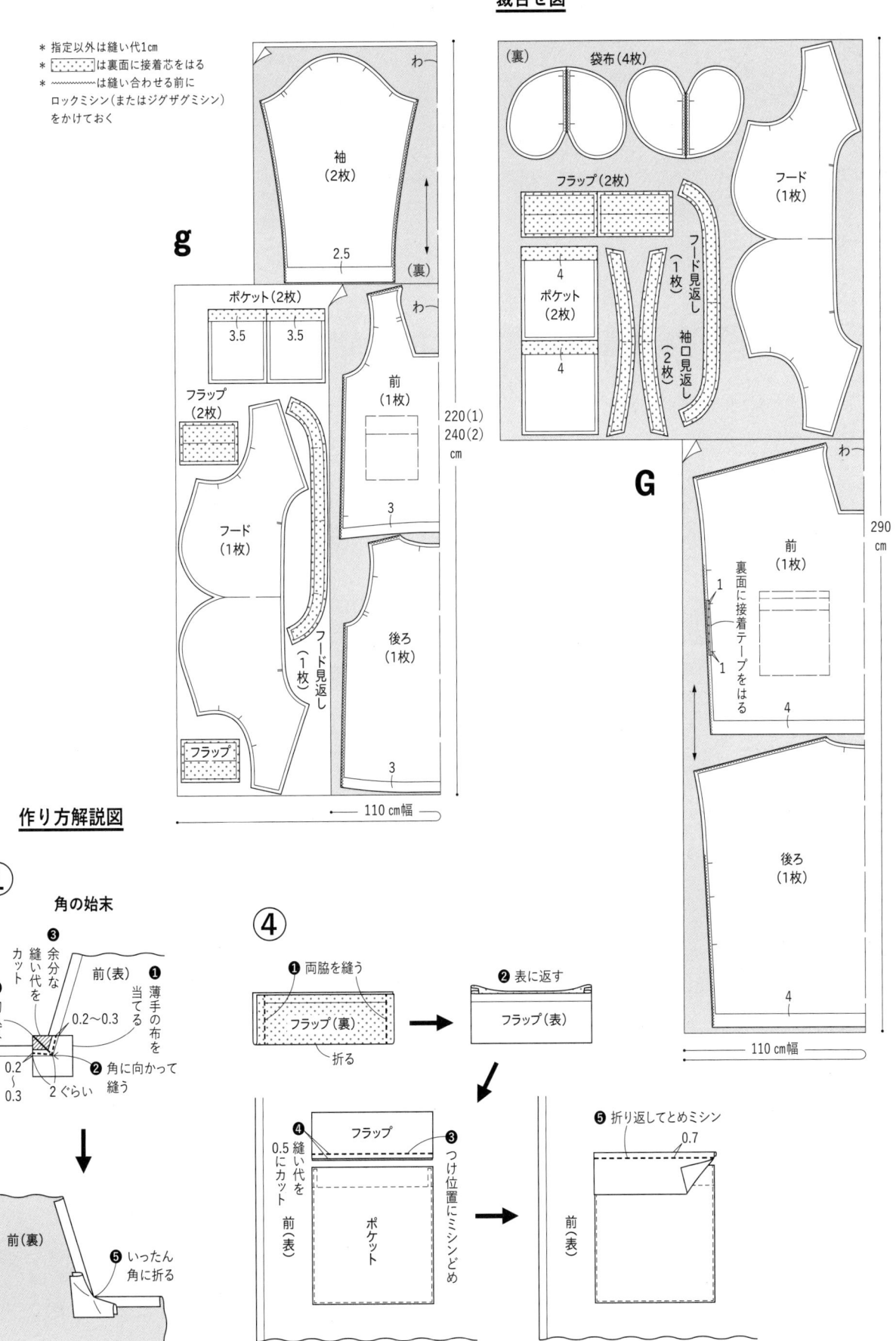

裁合せ図

* 指定以外は縫い代1cm
* ::::: は裏面に接着芯をはる
* ～～～ は縫い合わせる前にロックミシン（またはジグザグミシン）をかけておく

作り方解説図

g / G

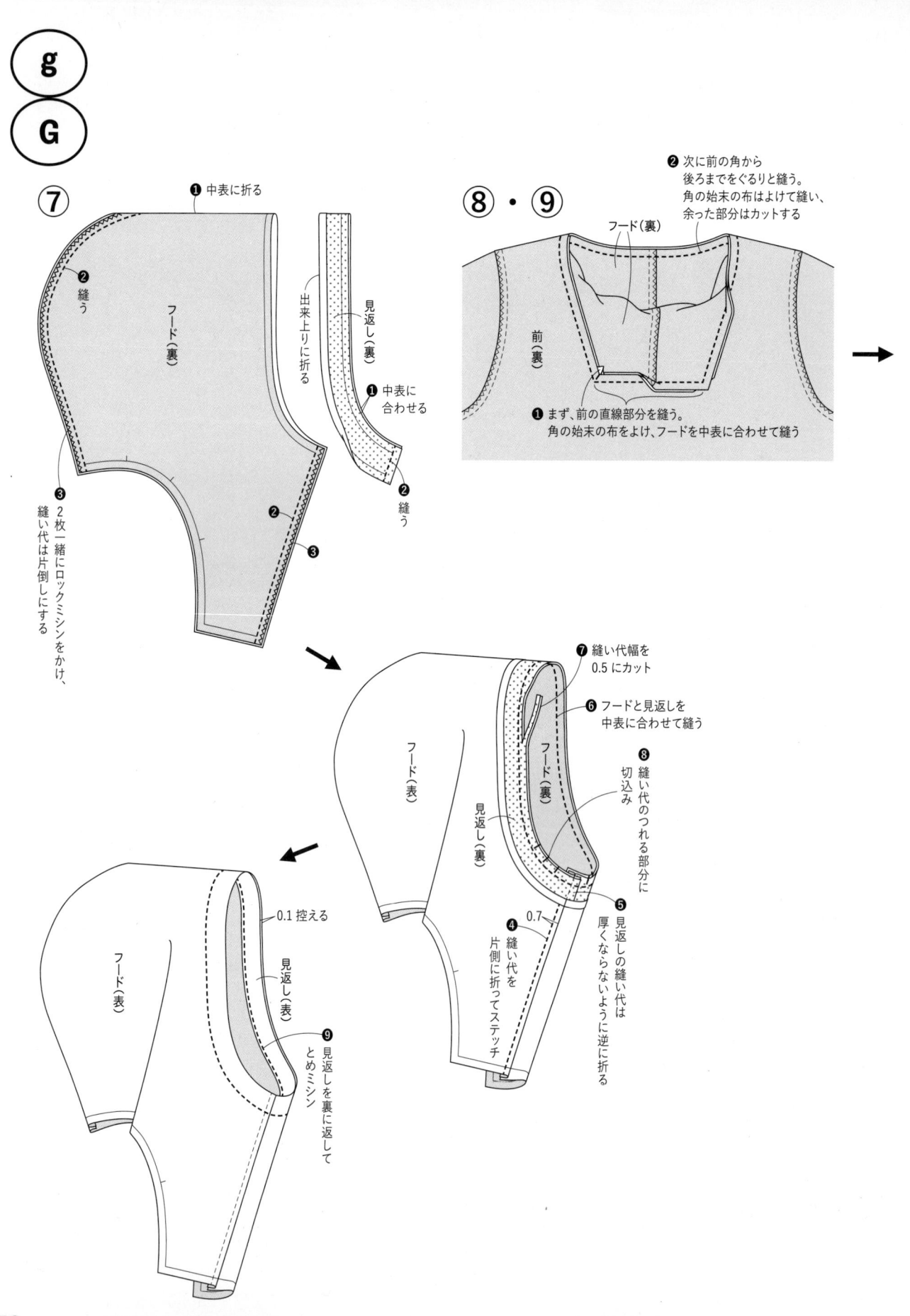

⑦
- ❶ 中表に折る
- ❷ 縫う
- フード（裏）
- 出来上がりに折る
- 見返し（裏）
- ❶ 中表に合わせる
- ❷ 縫う
- ❸ 2枚一緒にロックミシンをかけ、縫い代は片倒しにする

⑧・⑨
- ❶ まず、前の直線部分を縫う。角の始末の布をよけ、フードを中表に合わせて縫う
- ❷ 次に前の角から後ろまでをぐるりと縫う。角の始末の布はよけて縫い、余った部分はカットする
- フード（裏）
- 前（裏）

- フード（表）
- フード（裏）
- 見返し（裏）
- ❹ 縫い代を片側に折ってステッチ
- 0.7
- ❺ 見返しの縫い代は厚くならないように逆に折る
- ❻ フードと見返しを中表に合わせて縫う
- ❼ 縫い代幅を0.5にカット
- ❽ 縫い代のつれる部分に切込み

- フード（表）
- 見返し（表）
- 0.1 控える
- ❾ 見返しを裏に返してとめミシン

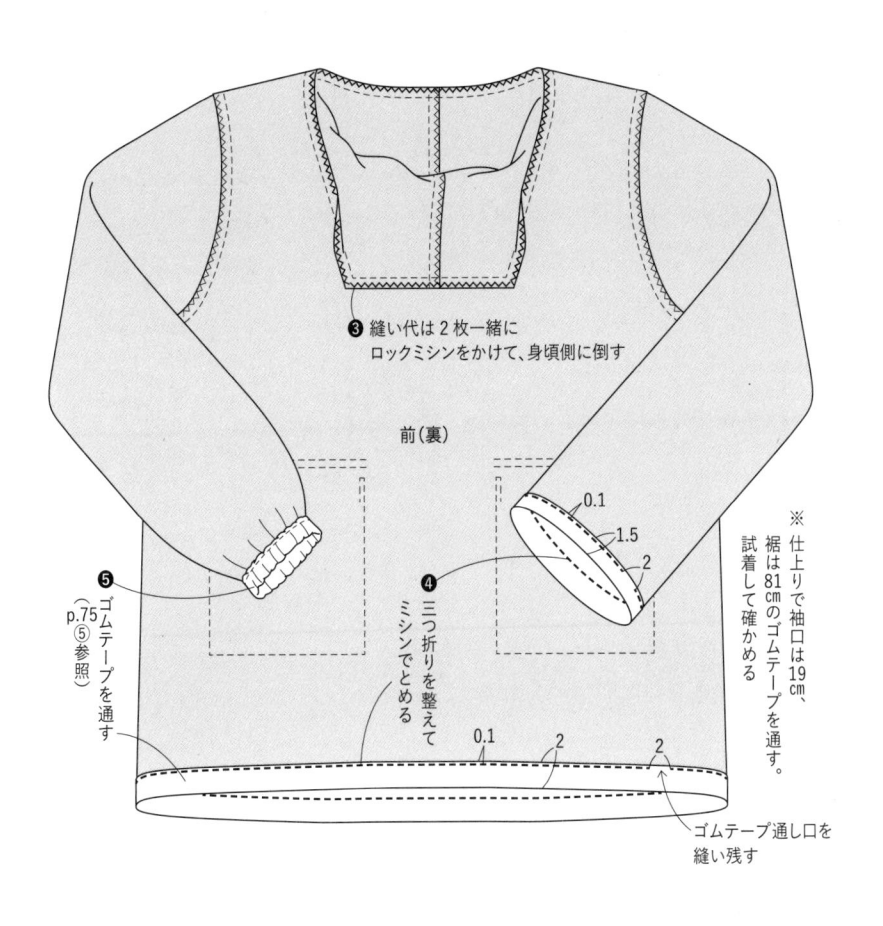

❸ 縫い代は2枚一緒に
ロックミシンをかけて、身頃側に倒す

前(裏)

0.1
1.5
2

❹ 三つ折りを整えて
ミシンでとめる

❺ ゴムテープを通す
(p.75 ⑤参照)

※ 仕上がりで袖口は19cm、裾は81cmのゴムテープを通す。試着して確かめる

0.1 2 2

ゴムテープ通し口を縫い残す

⑤・⑥ (Gの場合)

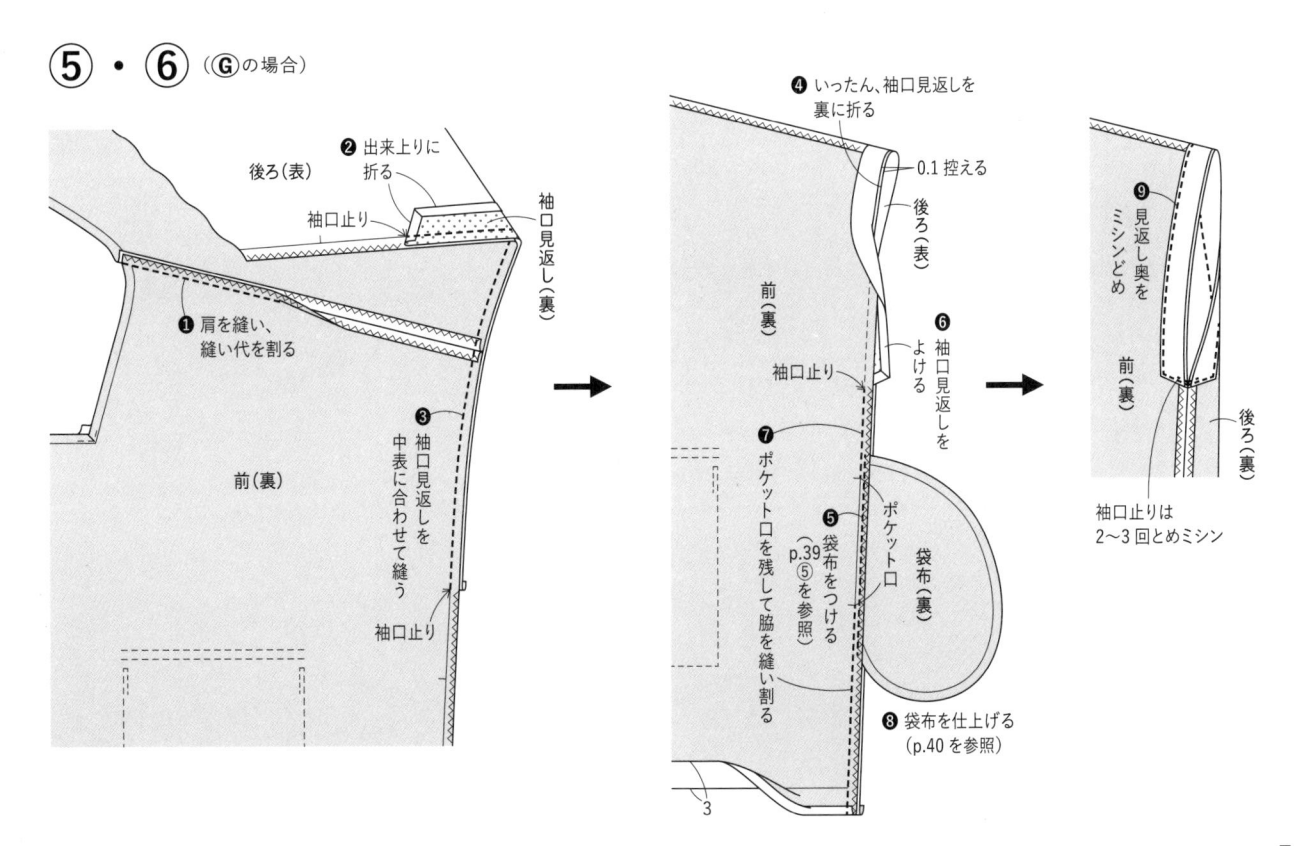

❶ 肩を縫い、縫い代を割る

後ろ(表)

❷ 出来上がりに折る

袖口止り

袖口見返し(裏)

❸ 袖口見返しを中表に合わせて縫う

袖口止り

前(裏)

❹ いったん、袖口見返しを裏に折る

0.1控える

後ろ(表)

❻ 袖口見返しをよける

袖口止り

前(裏)

❼ ポケット口を残して脇を縫い割る

❺ ポケット口
(p.39 ⑤を参照)

袋布(裏)

❽ 袋布を仕上げる
(p.40を参照)

3

❾ 見返し奥をミシンどめ

前(裏)

後ろ(裏)

袖口止りは2〜3回とめミシン

59

Ⓛ クルーネックブルゾン 小
サイズ 1・2

写真→ p.31、32
身幅がゆったりとしたショート丈ブルゾン。シンプルできれいめな仕上げにしています。パンツスタイル、もしくはタイトスカートなどの大人っぽいボトムに合わせるのがおすすめ。
合わせたトップス：**a**、パンツ：**K**

パターン 2 の裏 **L** 前・左前見返し（重なったパターンなのでそれぞれかき写す）、**L** 後ろ、**L** 袖、**L** 右前見返し、**L** 前裾見返し、**L** 後ろ裾見返し、**L** 後ろ見返し、**L** カフス

材料　表布 = 110cm幅 1m90cm(1)
　　　　　　　110cm幅 2m(2)
　　　　　別布(リブニット) = 40 × 15cm(1・2共通)
　　　　　接着芯 = 90cm幅 60cm(1・2共通)
　　　　　接着テープ = 1cm幅 95cm(1・2共通)
　　　　　オープンファスナー = 45cm 1本(1)
　　　　　　　　　　　　　　　 47cm 1本(2)

布選びのポイント
張りのある中肉の綿ネルを使用しています。シルクやテンセルなど落ち感のある薄手素材で作ると大人っぽい春のアウターに仕上がります。初めはあまり厚すぎない素材のほうが扱いやすいでしょう。

作り方順序
① オープンファスナーをつけ位置に仮どめする。→図
② 前後の肩と見返しの肩をそれぞれ縫い、縫い代を割る(p.38③を参照)。
③ 袖をつける。→図
④ 袖下から脇を縫い(p.43⑤・⑥・⑦Ⓗの場合を参照)、縫い代は割る。
⑤ 右前に見返しをつける。→図
⑥ 衿ぐりから裾を縫い、見返しを始末する。→図
⑦ カフスを作ってつける(p.47②・④を参照)。

作り方ポイント
見返しの大きさが左右違うので、左右の表裏を間違えないように裁断しましょう。
ファスナーをはさんで縫うとき、かみ合せの部分に厚みがあるので普通の押え金ではミシンがかけにくくなります。ミシンの押え金に「ファスナー押え」があるのでそれを用意して使います。

Ⓛ クルーネックブルゾン 大
ワンサイズ

写真→ p.30
メンズサイズの大きなブルゾン。スリムパンツなどボトムスはコンパクトにまとめるのがおすすめ。スニーカーなどでボーイッシュに。
合わせたTシャツ：**b**、パンツ：**k**

パターン 1 の表　**L** 前・後ろ（重なったパターンなのでそれぞれかき写す）、**L** 袖、**L** 右前見返し、**L** 左前見返し
パターン 2 の表　**L** 袋布
パターン 2 の裏　**L** 後ろ見返し、**L** カフス

材料　表布 = 140cm幅 2m10cm
　　　　　別布(リブニット) = 40 × 15cm
　　　　　スレキ(手の甲側の袋布分) = 40 × 30cm
　　　　　接着芯 = 90cm幅 1m5cm
　　　　　接着テープ = 1cm幅 2m15cm
　　　　　オープンファスナー = 63cm 1本

布選びのポイント
薄手の圧縮ウールを使用しています。中厚のコットンなどでワーク風のアウターに仕上げるのもいいでしょう。初めはあまり厚すぎない素材のほうが扱いやすいです。

作り方順序、作り方ポイントⓁと同様
※④で脇を縫うときにポケットを作る(p.39⑤、p.40を参照)。裾は縫い代を折り上げてまつる。
※⑥では衿ぐりから見返し裾までを縫う。

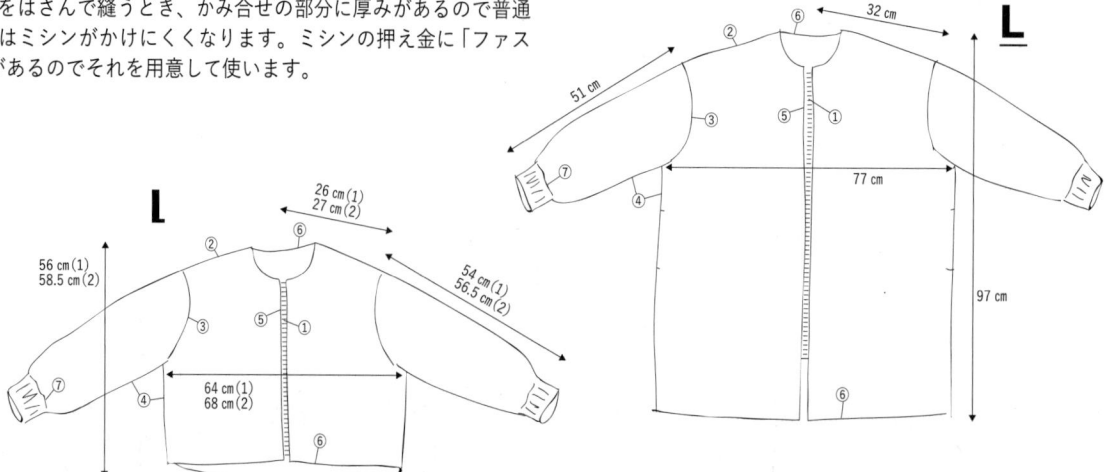

出来上り寸法・作り方順序

L （大）
32 cm
51 cm
77 cm
97 cm

L （小）
26 cm(1) / 27 cm(2)
56 cm(1) / 58.5 cm(2)
54 cm(1) / 56.5 cm(2)
64 cm(1) / 68 cm(2)

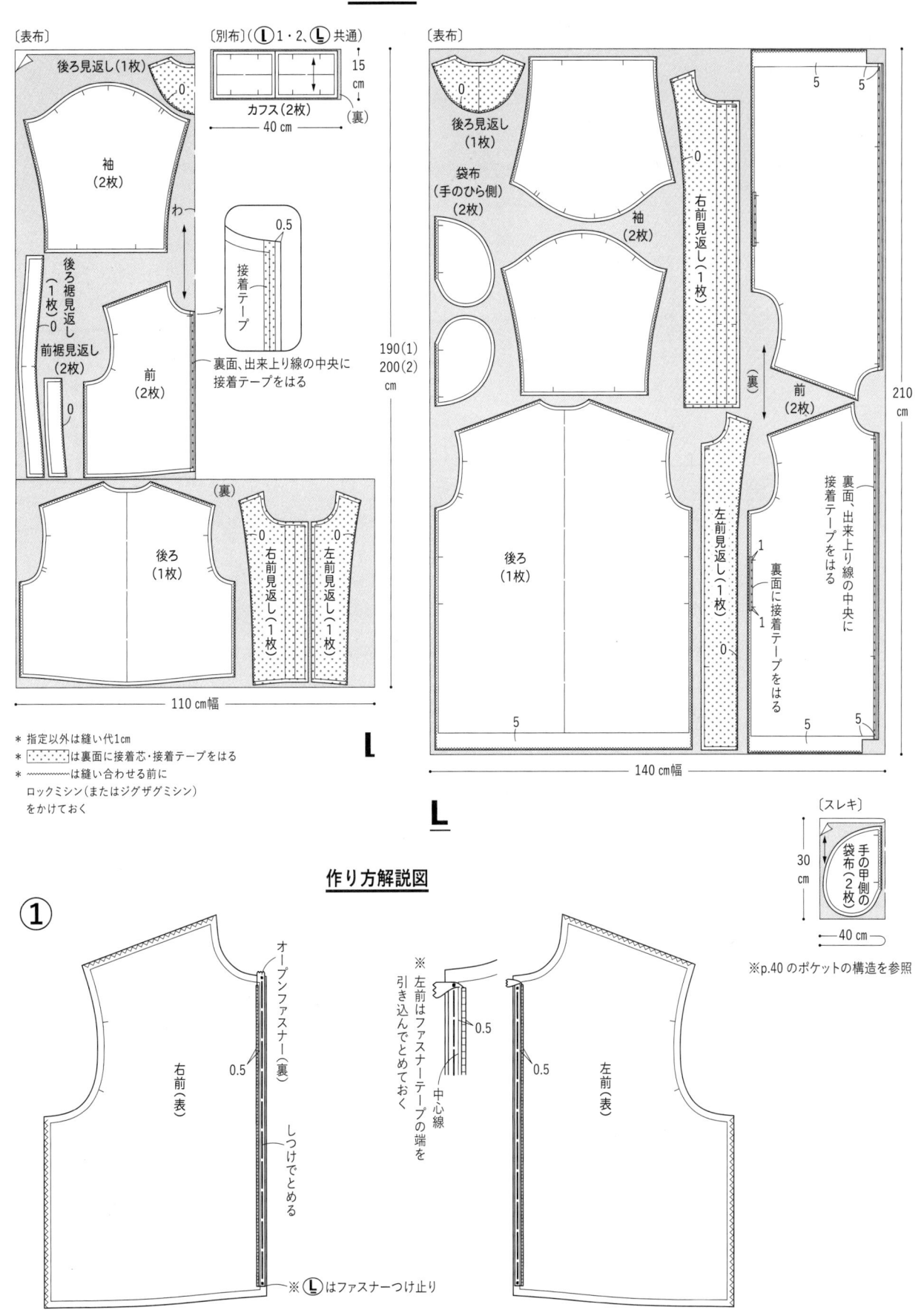

裁合せ図

〔表布〕
後ろ見返し(1枚)
袖(2枚)
後ろ裾見返し(1枚)
前裾見返し(2枚)
前(2枚)
後ろ(1枚)
右前見返し(1枚)
左前見返し(1枚)

〔別布〕(L)1・2、(L)共通
カフス(2枚)
15cm
40cm
(裏)

0.5
接着テープ
裏面、出来上り線の中央に接着テープをはる

190(1)
200(2)
cm

― 110cm幅 ―

〔表布〕
後ろ見返し(1枚)
袋布(手のひら側)(2枚)
袖(2枚)
右前見返し(1枚)
左前見返し(1枚)
前(2枚)
後ろ(1枚)

裏面、出来上り線の中央に接着テープをはる
裏面に接着テープをはる

5　5
1
1
5
5　5

210cm

― 140cm幅 ―

L

〔スレキ〕
手の甲側の袋布(2枚)
30cm
40cm

※p.40のポケットの構造を参照

* 指定以外は縫い代1cm
* ░░░ は裏面に接着芯・接着テープをはる
* ～～～ は縫い合わせる前にロックミシン(またはジグザグミシン)をかけておく

作り方解説図

①

右前(表)
オープンファスナー(裏)
0.5
しつけでとめる
※(L)はファスナーつけ止り

※左前はファスナーテープの端を引き込んでとめておく
0.5
中心線
左前(表)
0.5

62

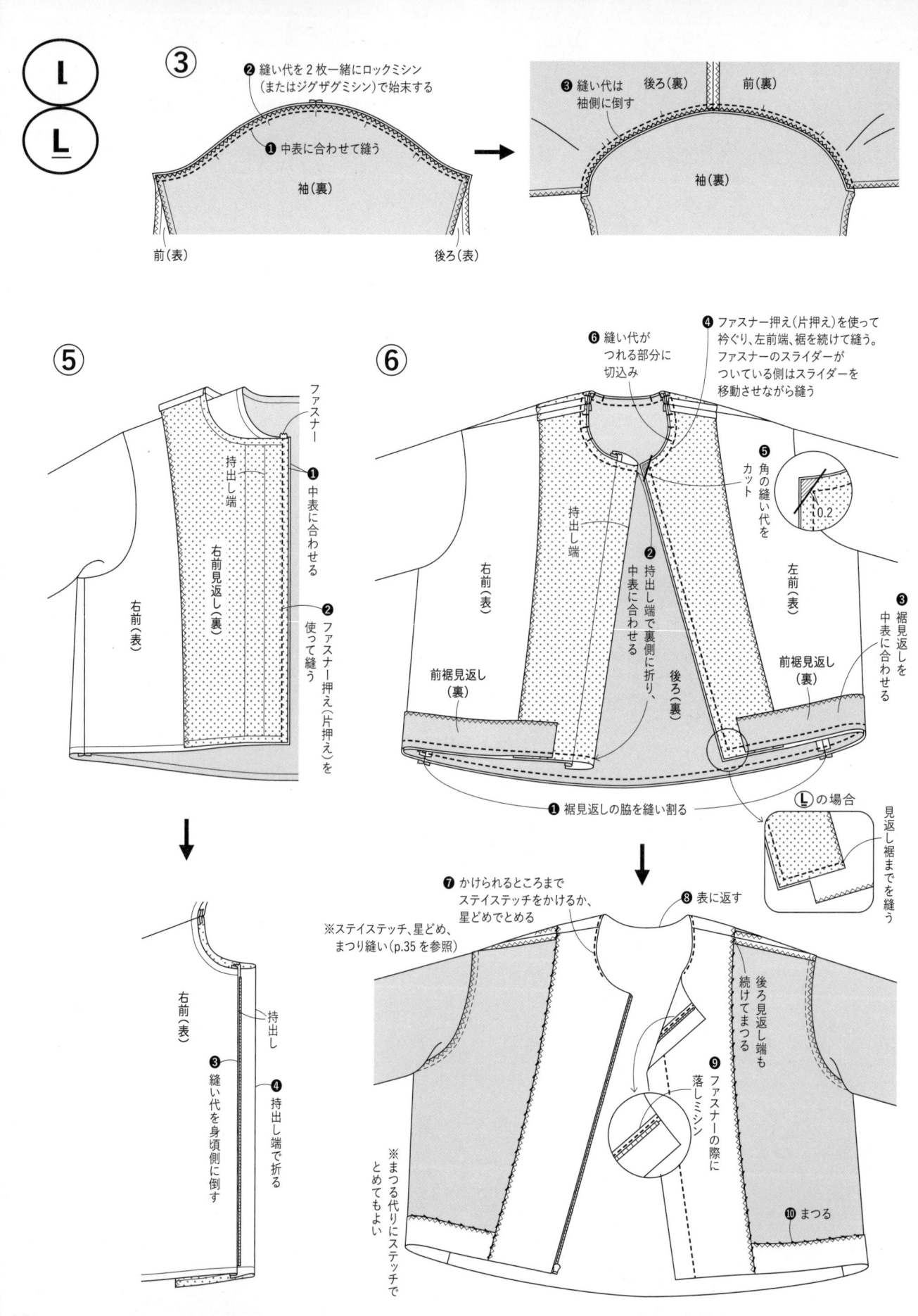

j ノースリーブドレス 小
サイズ 1・2

写真→ p.27
ウエストに細かいタックが入った少女風ワンピース。Vネックで子どもっぽくなりすぎないようバランスをとっています。スニーカーで足もとをカジュアルにしたり、サンダルやヒールなどで女らしくまとめるのもいいですね。

パターン 1 の裏 　j 前・前見返し（同じパターン）、j 後ろ・後ろ見返し（同じパターン）
パターン 2 の表 　j 袋布
※スカートは裁合せ図の寸法でパターンを作る。

材料　表布＝ 110cm幅 3m10（1）
　　　　　　110cm幅 3m50（2）
　　　（以下1・2共通）
　　　接着テープ＝ 1cm幅 60cm
　　　コンシールファスナー＝ 35cm 1本

布選びのポイント
表面感がきれいで高密度な薄手の綿を使用しています。

作り方順序
① スカートの裾は、布の耳が使える場合はそのまま、使えない場合は 0.7cm の三つ折りにしてアイロンをかける。
② 身頃と見返しのそれぞれ右脇を縫い、縫い代を割る。→図
③ 身頃と見返しを中表に合わせ、袖ぐりと衿ぐりを縫い、表に返す。→図
④ 肩を縫う。→図
⑤ スカートに袋布をつけて脇を縫い、ポケットを作る（p.39 ⑤、p.40 を参照）。スカートの裾の始末をする。→図
⑥ スカートと身頃を縫う。→図
⑦ 左脇にファスナーをつける。→図
⑧ 見返しの始末をする。→図

作り方ポイント
コンシールファスナーをつけるとき、「コンシールファスナー押え」を使います。

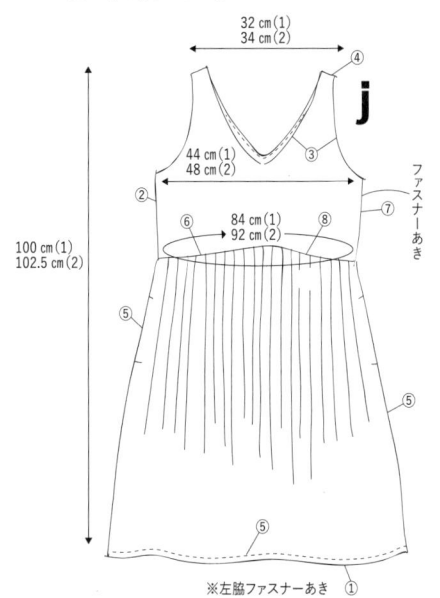

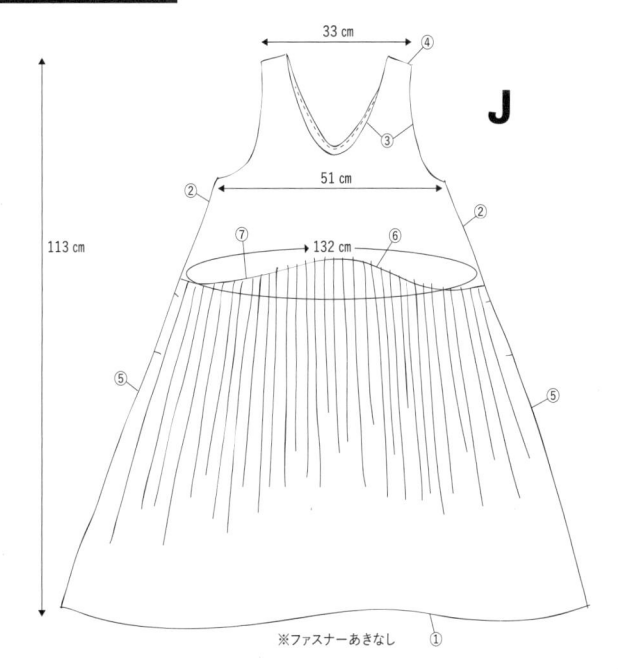

J ノースリーブドレス 大
ワンサイズ

写真→ p.26
身幅も丈もたっぷりボリュームのワンピース。ブルゾンやパーカーなどのアウターをはおってあえてカジュアルに着るのがかわいい。動くとスカートのボリューム感が動く、大人かわいいデザインです。

パターン 2 の表　J 前・前見返し（同じパターン）、J 後ろ・後ろ見返し（同じパターン）
パターン 1 の表　J 袋布
※スカートは裁合せ図の寸法でパターンを作る。

材料　表布＝ 110cm幅 5m90cm
　　　　接着テープ＝ 1cm幅 30cm

布選びのポイント
落ち感のきれいな綿テンセルローンを使用しています。ウエストのボリュームが出すぎないよう、薄手の生地を選びましょう。布端をそのままスカートの裾として利用すると裾が軽やかに仕上がります。

作り方順序
① スカートの裾は、布の耳が使える場合はそのまま、使えない場合は 0.7cm の三つ折りにしてアイロンをかける。
② 身頃と見返しのそれぞれ両脇を縫い、縫い代を割る（p.65 図②・③を参照）。
③～⑥は ⓙ と同様。⑤はあきなしで両脇を縫う。
⑦ 見返しの端を落しミシンでとめる（p.67 図⑧の❸❹を参照）。

出来上り寸法・作り方順序

j
- 32 cm (1) / 34 cm (2)
- 44 cm (1) / 48 cm (2)
- 84 cm (1) → 92 cm (2)
- 100 cm (1) / 102.5 cm (2)
- ファスナーあき
- ※左脇ファスナーあき

J
- 33 cm
- 51 cm
- 132 cm
- 113 cm
- ※ファスナーあきなし

64

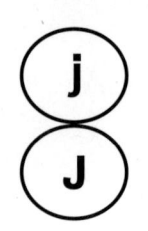

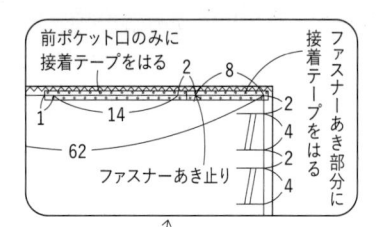

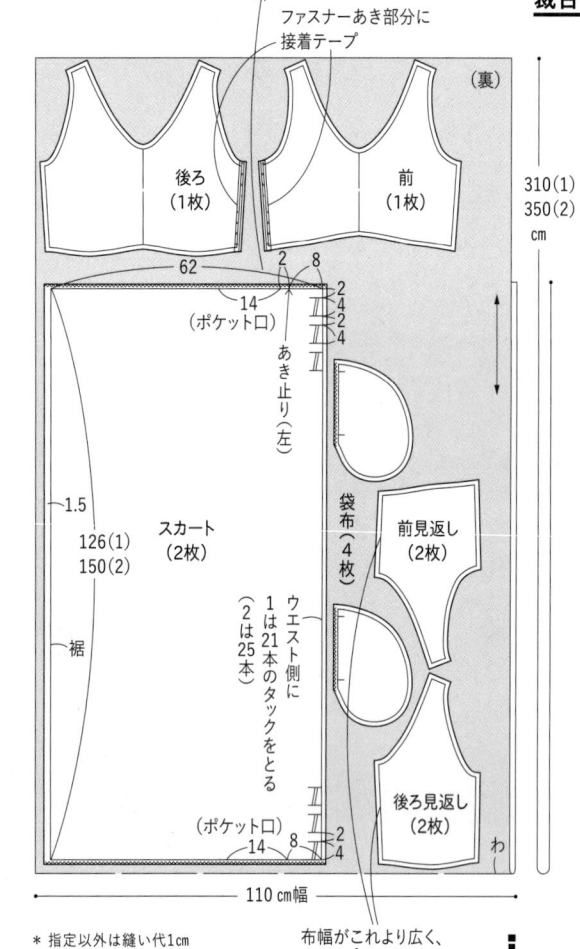

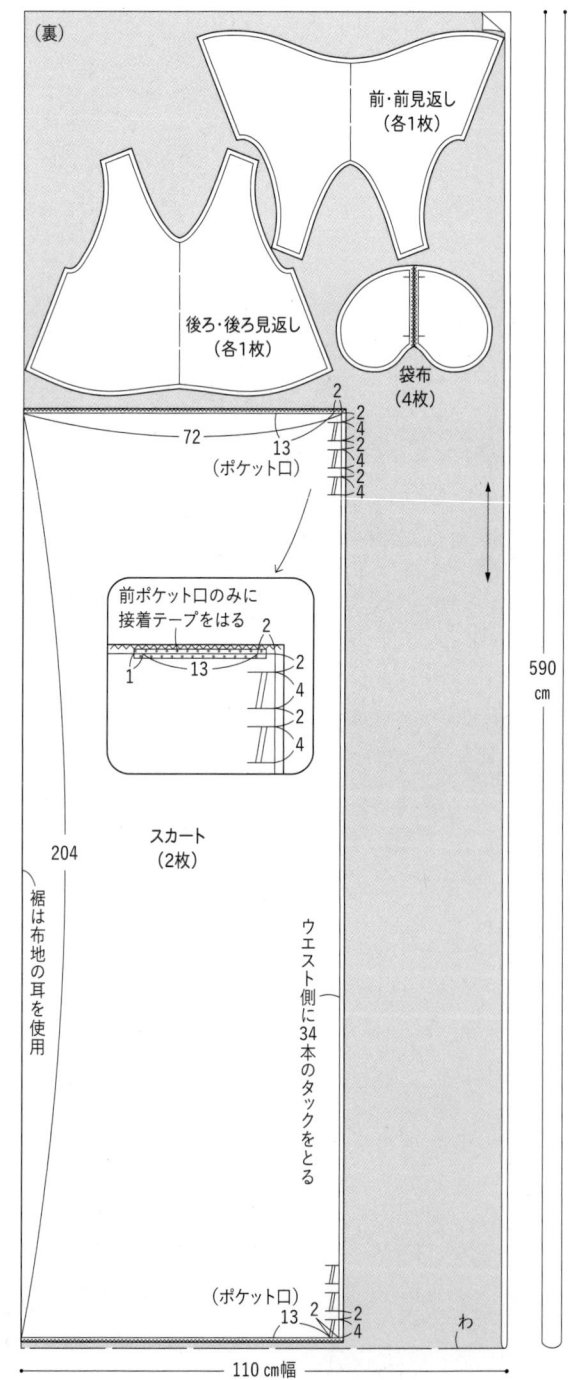

作り方解説図

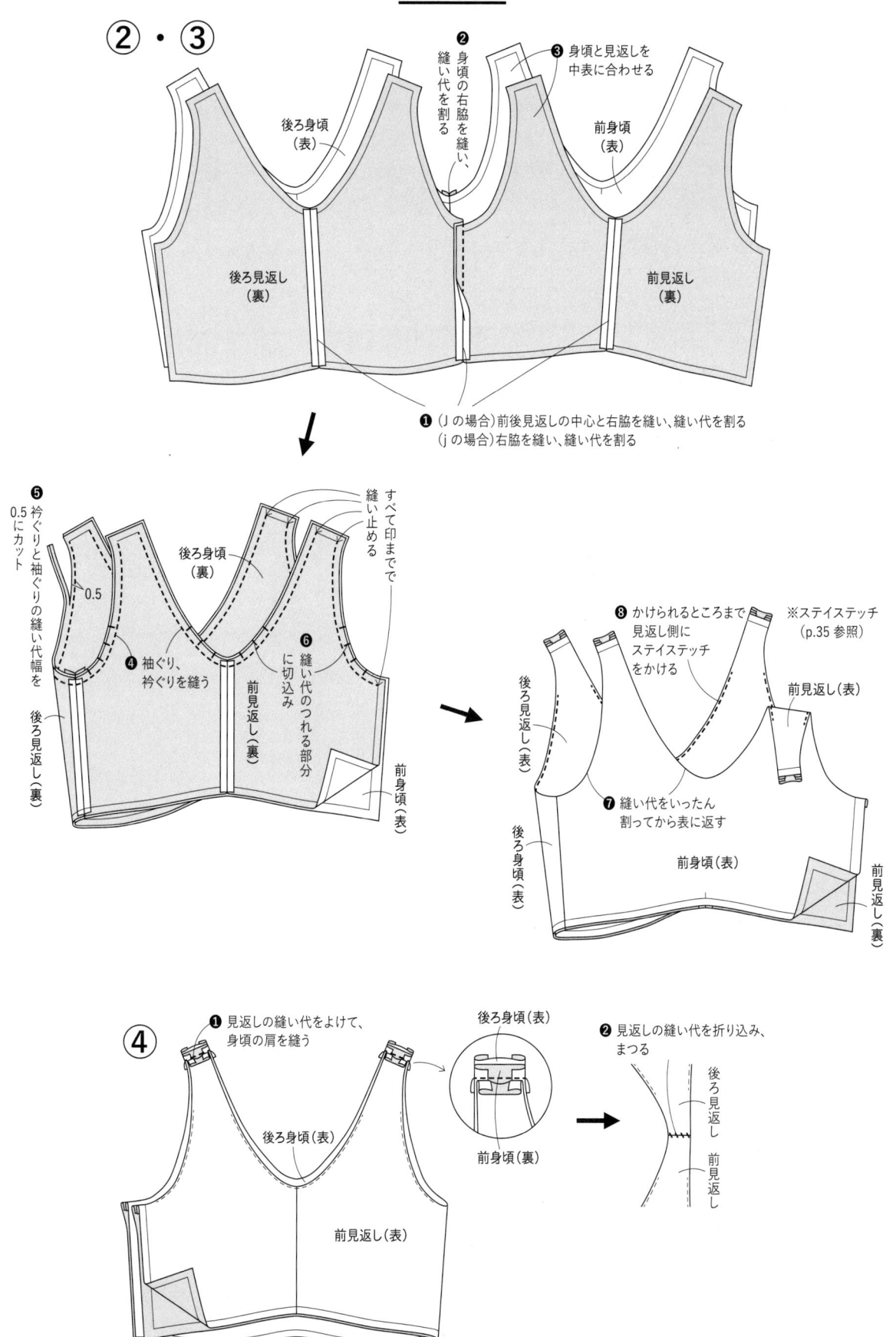

②・③

- ❷ 身頃の右脇を縫い、縫い代を割る
- ❸ 身頃と見返しを中表に合わせる
- 後ろ身頃(表)
- 前身頃(表)
- 後ろ見返し(裏)
- 前見返し(裏)
- ❶ (Jの場合)前後見返しの中心と右脇を縫い、縫い代を割る
  (jの場合)右脇を縫い、縫い代を割る

- ❺ 衿ぐりと袖ぐりの縫い代幅を0.5にカット
- 0.5
- ❹ 袖ぐり、衿ぐりを縫う
- すべて印までで縫い止める
- 後ろ身頃(裏)
- ❻ 縫い代のつれる部分に切込み
- 前見返し(裏)
- 前身頃(表)
- 後ろ見返し(裏)

- ❽ かけられるところまで見返し側にステイステッチをかける
- ※ステイステッチ(p.35 参照)
- 後ろ見返し(表)
- 前見返し(表)
- ❼ 縫い代をいったん割ってから表に返す
- 後ろ身頃(表)
- 前身頃(表)
- 前見返し(裏)

④

- ❶ 見返しの縫い代をよけて、身頃の肩を縫う
- 後ろ身頃(表)
- 後ろ身頃(表)
- 前身頃(裏)
- 前見返し(表)
- ❷ 見返しの縫い代を折り込み、まつる
- 後ろ見返し
- 前見返し

j
J

⑤

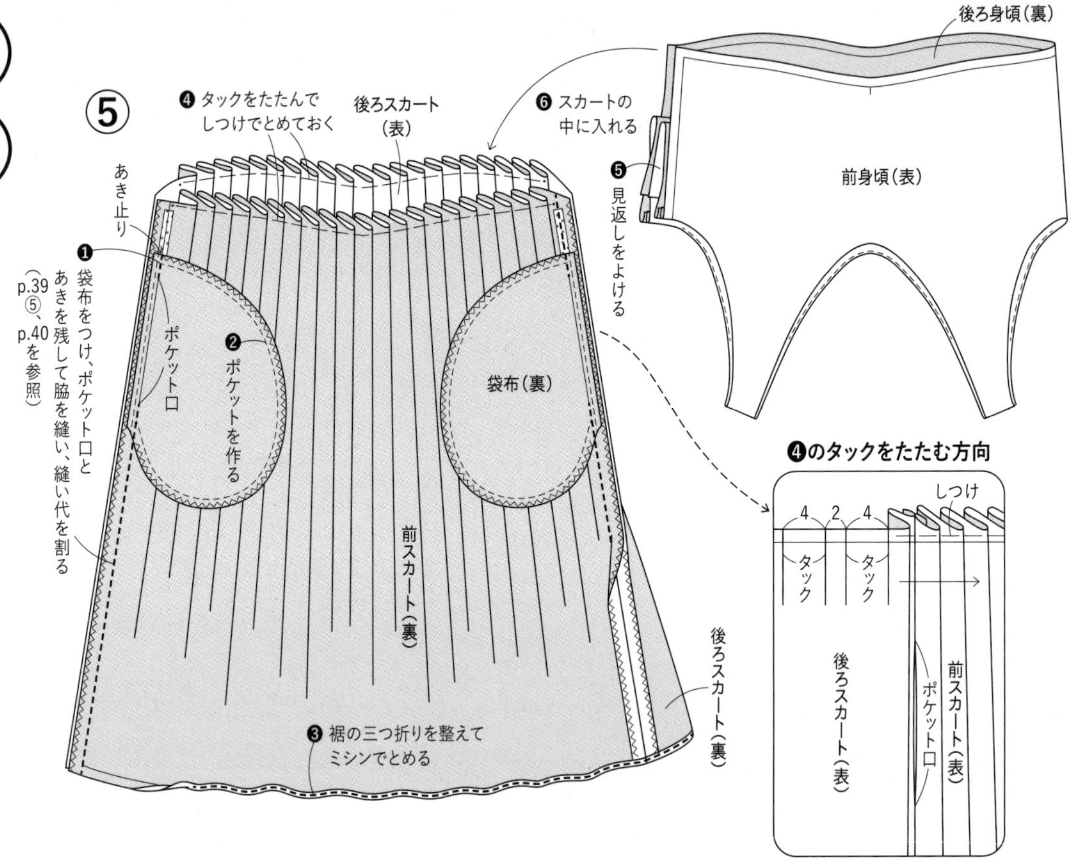

❹ タックをたたんでしつけでとめておく
後ろスカート（表）
あき止り
❶ 袋布をつけ、ポケット口とあきを残して脇を縫い、縫い代を割る
（p.39⑤、p.40を参照）
ポケット口
❷ ポケットを作る
袋布（裏）
前スカート（裏）
後ろスカート（裏）
❸ 裾の三つ折りを整えてミシンでとめる
❻ スカートの中に入れる
後ろ身頃（裏）
前身頃（表）
❺ 見返しをよける
❹のタックをたたむ方向
4
2
4
しつけ
タック
タック
後ろスカート（表）
ポケット口
前スカート（表）

⑥

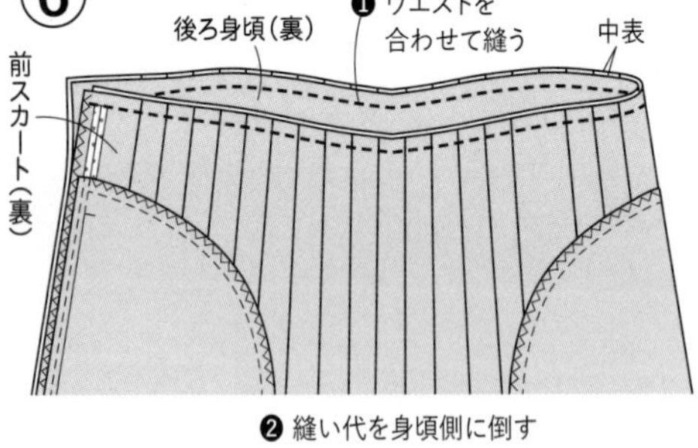

後ろ身頃（裏）
❶ ウエストを合わせて縫う
中表
前スカート（裏）
❷ 縫い代を身頃側に倒す

⑦ （ⓙの場合）

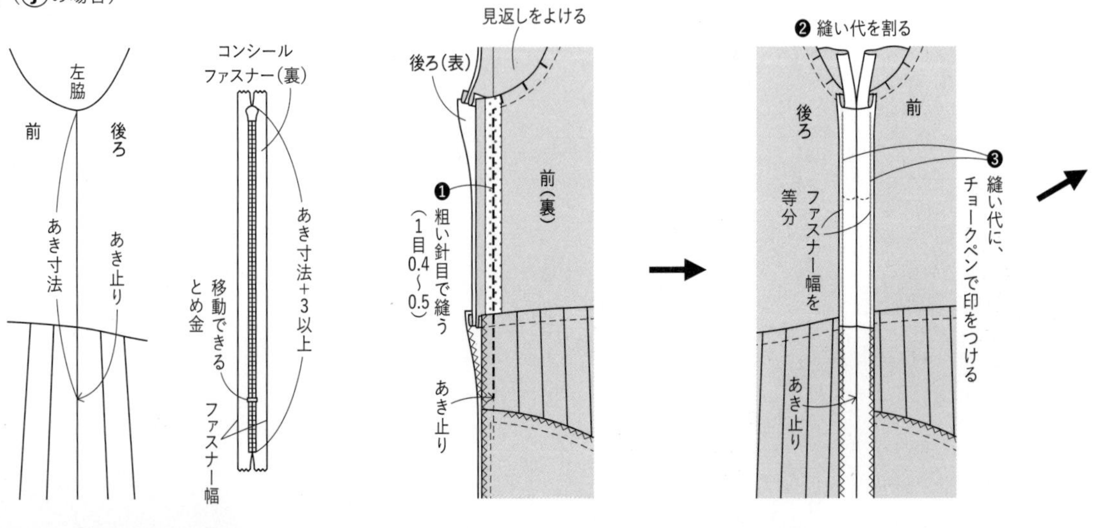

左脇
前
後ろ
あき寸法
あき止り
コンシールファスナー（裏）
あき寸法＋3以上
移動できるとめ金
ファスナー幅
見返しをよける
後ろ（表）
前（裏）
❶ 粗い針目で縫う（1目0.4〜0.5）
あき止り
❷ 縫い代を割る
後ろ
前
等分
ファスナー幅を
❸ 縫い代に、チョークペンで印をつける
あき止り

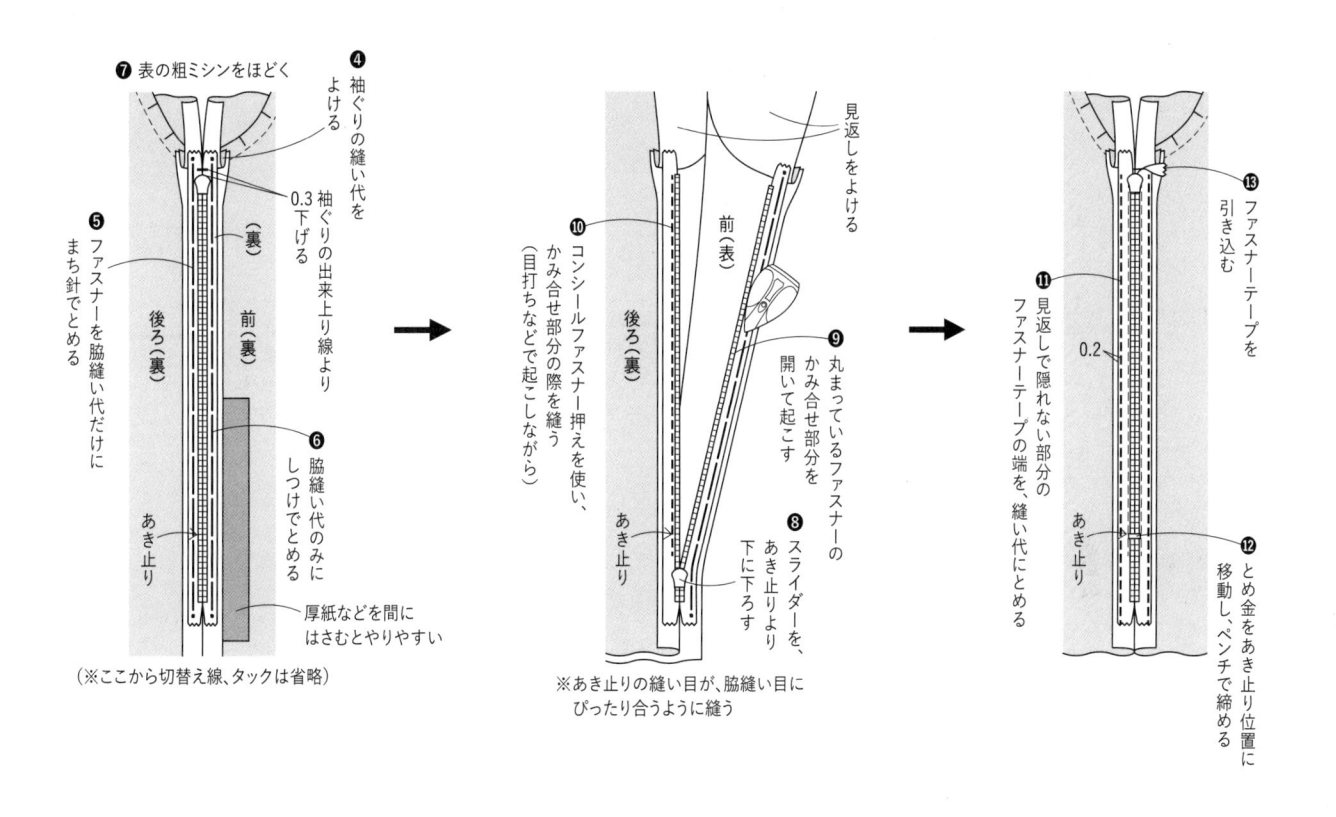

❼ 表の粗ミシンをほどく
❹ 袖ぐりの縫い代をよける
袖ぐりの出来上り線より0.3下げる
後ろ（裏）
前（裏）
❺ ファスナーを脇縫い代だけにまち針でとめる
❻ 脇縫い代のみにしつけでとめる
あき止り
厚紙などを間にはさむとやりやすい
（※ここから切替え線、タックは省略）

見返しをよける
❿ コンシールファスナー押えを使い、かみ合せ部分の際を縫う（目打ちなどで起こしながら）
後ろ（裏）
前（表）
❾ 丸まっているファスナーのかみ合せ部分を開いて起こす
❽ スライダーを、あき止りより下に下ろす
あき止り
※あき止りの縫い目が、脇縫い目にぴったり合うように縫う

⓭ ファスナーテープを引き込む
⓫ 見返しで隠れない部分のファスナーテープの端を、縫い代にとめる
0.2
あき止り
⓬ とめ金をあき止り位置に移動し、ペンチで締める

⑧

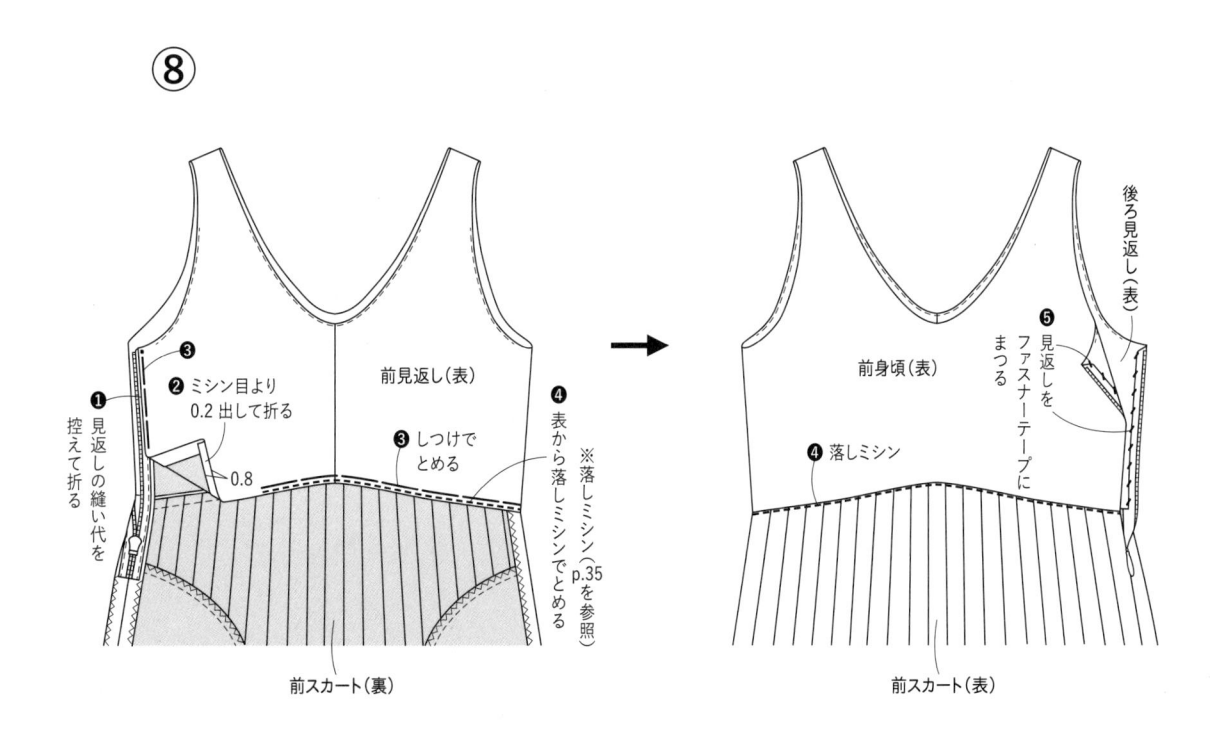

❶ 見返しの縫い代を控えて折る
❷ ミシン目より0.2出して折る
0.8
❸ しつけでとめる
前見返し（表）
❹ 表から落しミシンでとめる
※落しミシン（p.35を参照）
前スカート（裏）

❺ 見返しをファスナーテープにまつる
後ろ見返し（表）
前身頃（表）
❹ 落しミシン
前スカート（表）

67

k タックパンツ スリム
サイズ1・2

写真→ p.29
ツータックが入った細身のパンツです。ヒップ回りに少しゆとりのある、足首に向けて少し細くなるきれいなシルエット。トップスをインにしてベルトでウエストマークしたり、ロングトップスのボトムスとしても合わせやすいデザイン。

合わせたシャツ：i

パターン1の裏 k前、k後ろ、kウエストベルト、k袋布、k見返し、k持出し、k脇布

※ベルト通しは裁合せ図の寸法で裁つ。

材料（すべて1・2共通）
- 表布＝110cm幅 2m
- スレキ（袋布分）＝70×30cm
- 接着芯＝40×90cm
- 接着テープ＝1cm幅 50cm
- ファスナー＝13cm 1本
- かぎホック＝1個

布選びのポイント
中肉のコットンストレッチツイルを使用しています。ストレッチが少し入っていると動きが楽です。テンセル混など落ち感のある素材で作ると大人っぽく仕上がりますが、初めて縫うかたは綿素材のほうが縫いやすくておすすめです。

作り方順序
① 裾を1cmの三つ折りにしてアイロンをかける。
② 後ろのダーツと前のタックを縫う。→図
③ 前後の股ぐりをそれぞれ縫う。→図
④ 前あきを作る。→図
⑤ ポケットを作る。→図
⑥ 脇を縫う。→図
⑦ 股下を縫う。→図
⑧ 裾の三つ折りを整えてミシンでとめる。
⑨ ウエストベルトをつける。→図
⑩ ホックをつける。

作り方ポイント
前あきのファスナー部分を縫うとき、「ファスナー押え」を使います。

K タックパンツ ワイド
サイズ1・2

写真→ p.28
ツータックが入ったスーパーワイドパンツ。トップスをコンパクトにまとめたり、裾をくるくると折り上げて足首を見せるとバランスよく着こなせます。

合わせたシャツ：i

パターン2の表 K前、K後ろ、Kウエストベルト、K袋布、K見返し、K持出し、K脇布

※ベルト通しは裁合せ図の寸法で裁つ。

材料
- 表布＝110cm幅 2m(1)
　　　110cm幅 2m10cm(2)
- 接着芯＝40×90cm(1)
　　　40cm×1m(2)
- （以下1・2共通）
- スレキ（袋布分）＝80×35cm
- 接着テープ＝1cm幅 90cm
- ファスナー＝20cm 1本
- かぎホック＝1個

布選びのポイント
張りのある綿キャンバスを使用しています。ベルト通しのところで布が何枚も重なるので厚すぎる素材は縫いにくくなりますが、張りのある素材のほうがワイドなシルエットがきれいに出ます。

作り方順序、作り方ポイント k と同様
※①のとき、裾は3cmの三つ折りにする。

出来上り寸法・作り方順序

k
- ウエスト: 79 cm(1) / 88 cm(2)
- 股上: 24 cm(1) / 24.5 cm(2)
- ヒップ: 100 cm(1) / 108 cm(2)
- パンツ丈: 95 cm(1) / 98 cm(2)
- 股下: 69 cm(1) / 72 cm(2)
- 裾幅: 36 cm(1) / 41 cm(2)

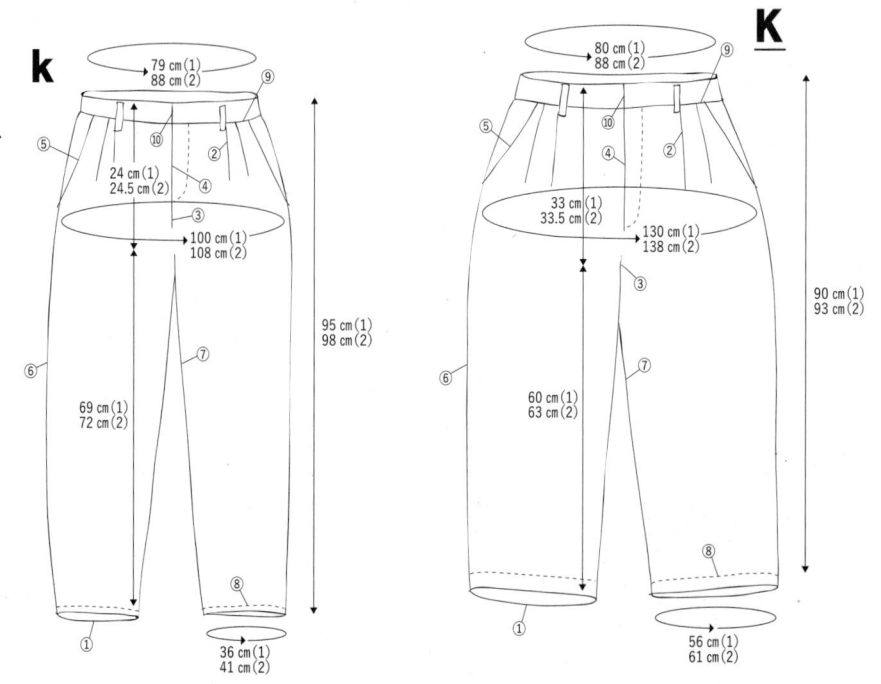

K
- ウエスト: 80 cm(1) / 88 cm(2)
- 股上: 33 cm(1) / 33.5 cm(2)
- ヒップ: 130 cm(1) / 138 cm(2)
- パンツ丈: 90 cm(1) / 93 cm(2)
- 股下: 60 cm(1) / 63 cm(2)
- 裾幅: 56 cm(1) / 61 cm(2)

裁合せ図

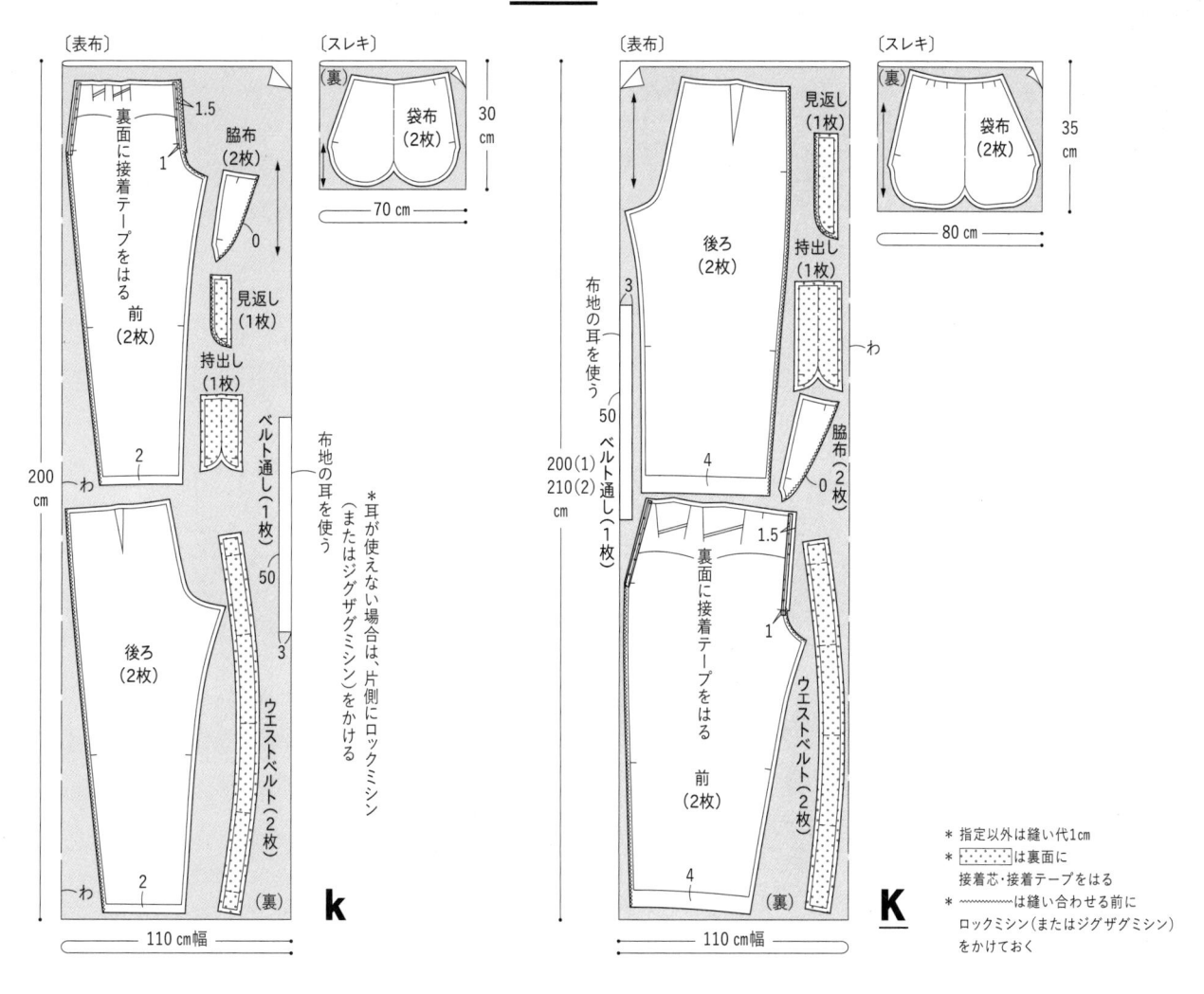

〔表布〕 k
- 裏面に接着テープをはる
- 前(2枚)
- 脇布(2枚)
- 見返し(1枚)
- 持出し(1枚)
- ベルト通し(1枚)
- 後ろ(2枚)
- ウエストベルト(2枚)(裏)
- 200cm
- 110cm幅
- 1.5 / 1 / 0 / 2 / 50 / 3 / 2
- わ
- 布地の耳を使う
- ＊耳が使えない場合は、片側にロックミシン（またはジグザグミシン）をかける

〔スレキ〕(裏)
- 袋布(2枚)
- 30cm
- 70cm

〔表布〕 K
- 見返し(1枚)
- 後ろ(2枚)
- 持出し(1枚)
- 脇布(2枚)
- ベルト通し(1枚)
- 前(2枚)
- ウエストベルト(2枚)(裏)
- 裏面に接着テープをはる
- 布地の耳を使う
- 200(1) 210(2) cm
- 110cm幅
- 3 / 50 / 4 / 1.5 / 1 / 0 / 4
- わ

〔スレキ〕(裏)
- 袋布(2枚)
- 35cm
- 80cm

＊指定以外は縫い代1cm
＊ ░░░ は裏面に接着芯・接着テープをはる
＊ 〰〰〰 は縫い合わせる前にロックミシン（またはジグザグミシン）をかけておく

作り方解説図

②・③
- ❶ タックを縫う
- 縫止り
- 前(裏)
- ❷ 縫い代は中心側に倒す
- 前(裏)

- 右前(表)
- あき止り
- 左前(裏)
- ❹ 股ぐりを縫う
- ❺ 2枚一緒にロックミシンをかける
- 右後ろ(表)
- ❸ ダーツを縫い、中心側に倒す
- 左後ろ(裏)

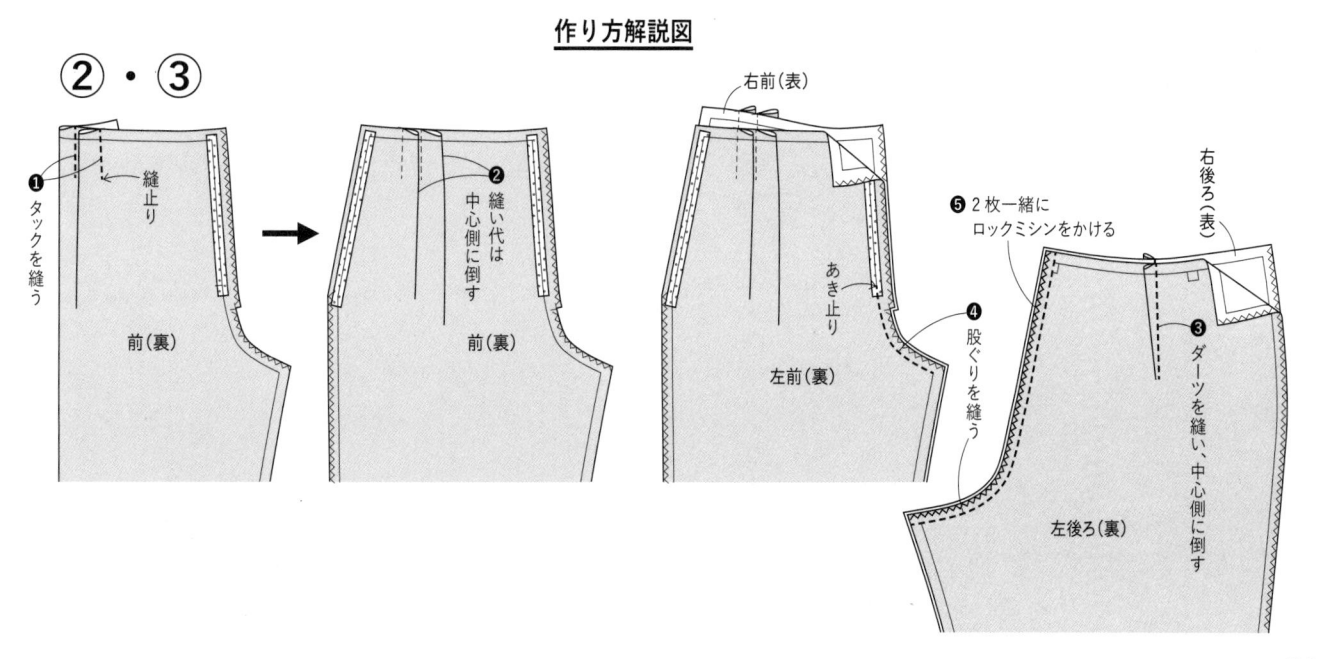

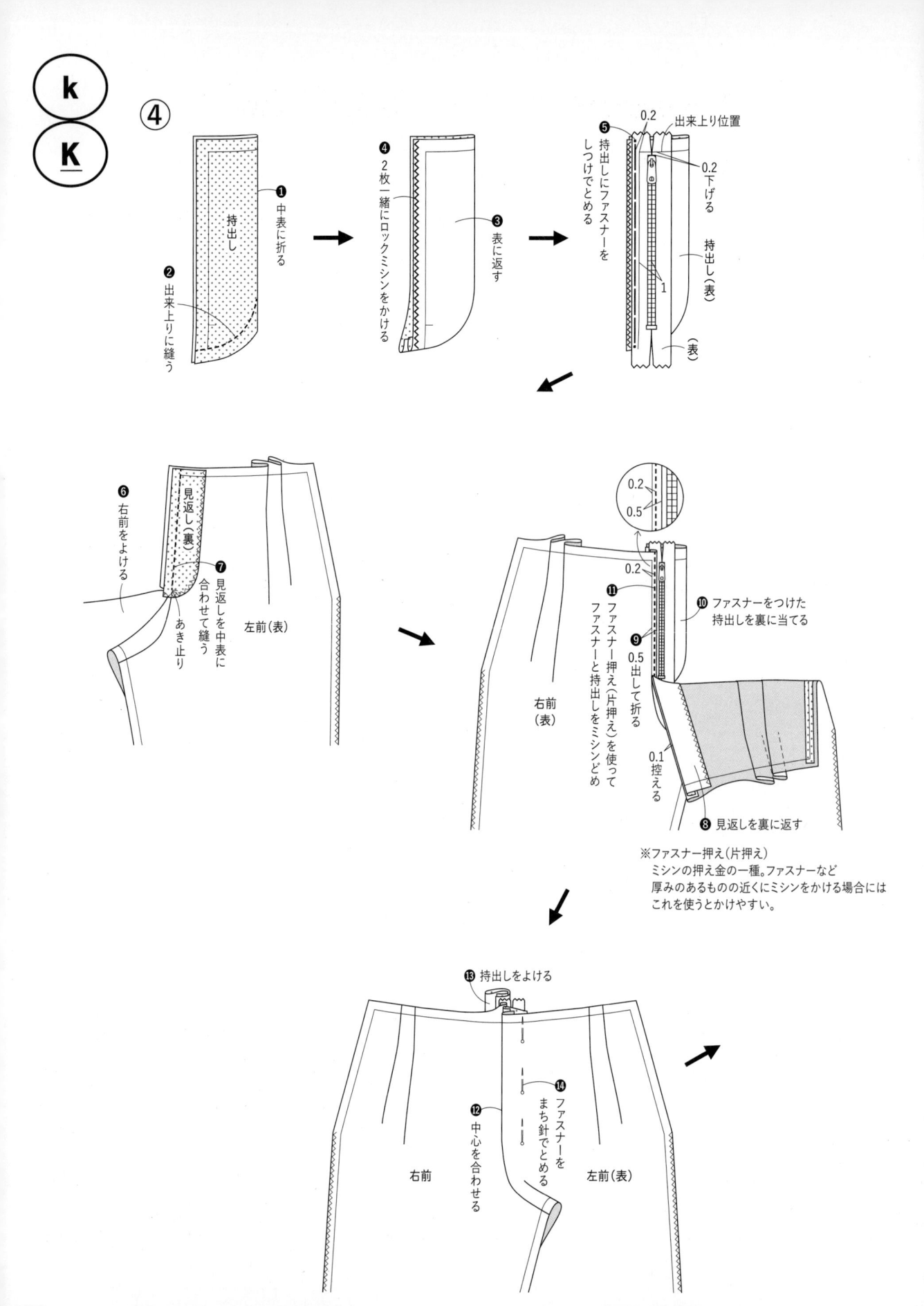

④

① 中表に折る
② 出来上りに縫う
持出し

③ 表に返す
④ 2枚一緒にロックミシンをかける

⑤ 持出しにファスナーをしつけでとめる
出来上り位置
0.2 下げる
持出し（表）
（表）

⑥ 右前をよける
見返し（裏）
⑦ 見返しを中表に合わせて縫う
あき止り
左前（表）

⑧ 見返しを裏に返す
⑨ 0.5出して折る
⑩ ファスナーをつけた持出しを裏に当てる
⑪ ファスナー押え（片押え）を使ってファスナーと持出しをミシンどめ
0.1控える
右前（表）

※ファスナー押え（片押え）
ミシンの押え金の一種。ファスナーなど厚みのあるものの近くにミシンをかける場合にはこれを使うとかけやすい。

⑫ 中心を合わせる
⑬ 持出しをよける
⑭ ファスナーをまち針でとめる
右前
左前（表）

④ つづき

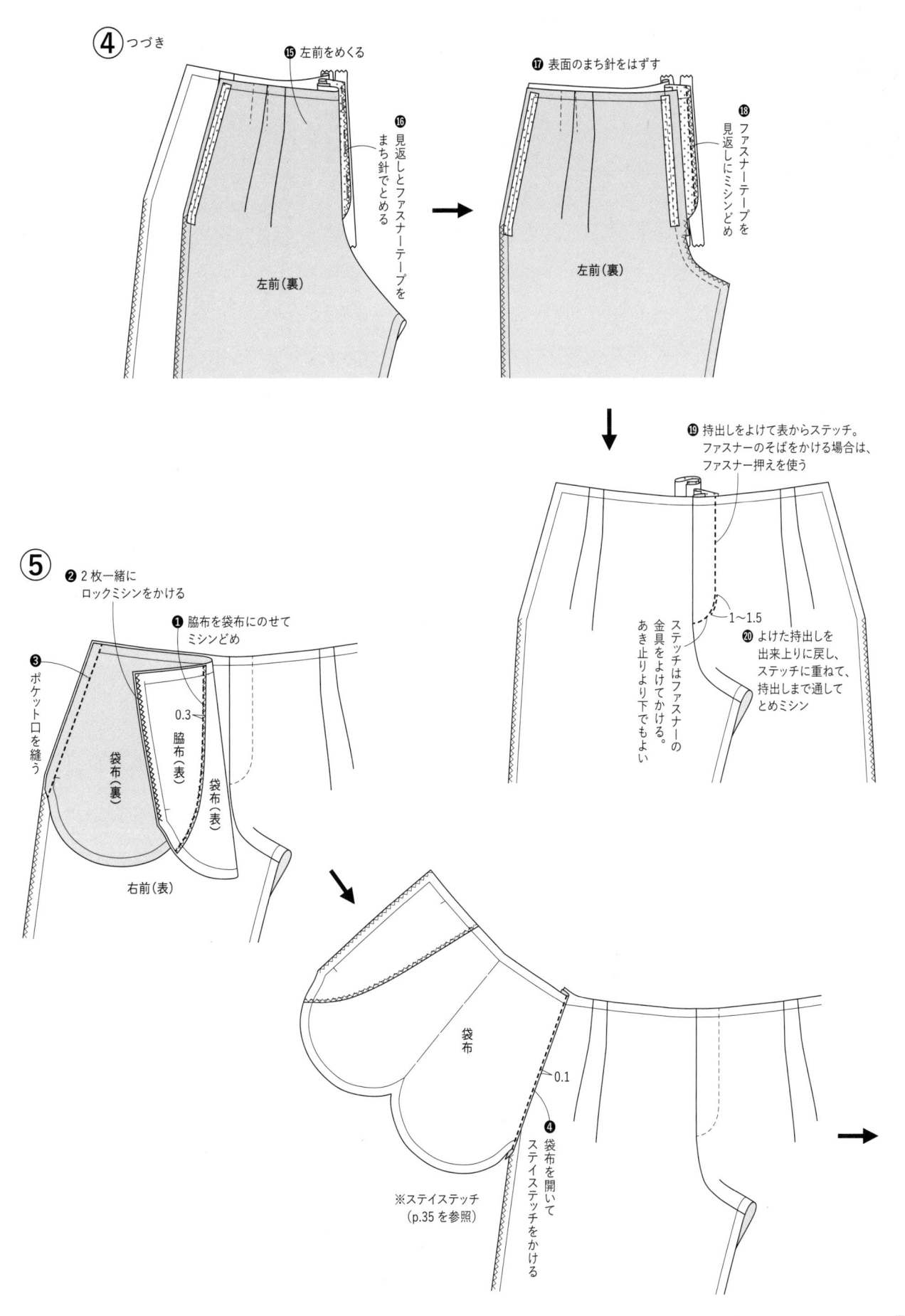

⑮ 左前をめくる

⑯ 見返しとファスナーテープをまち針でとめる

左前(裏)

⑰ 表面のまち針をはずす

⑱ ファスナーテープを見返しにミシンどめ

左前(裏)

⑲ 持出しをよけて表からステッチ。ファスナーのそばをかける場合は、ファスナー押えを使う

ステッチはファスナーの金具をよけてかける。あき止りより下でもよい

1〜1.5

⑳ よけた持出しを出来上りに戻し、ステッチに重ねて、持出しまで通してとめミシン

⑤

❷ 2枚一緒にロックミシンをかける

❶ 脇布を袋布にのせてミシンどめ

0.3

❸ ポケット口を縫う

袋布(裏) 袋布(表) 脇布(表) 袋布(表)

右前(表)

袋布

0.1

❹ 袋布を開いてステイステッチをかける

※ステイステッチ（p.35を参照）

k / K

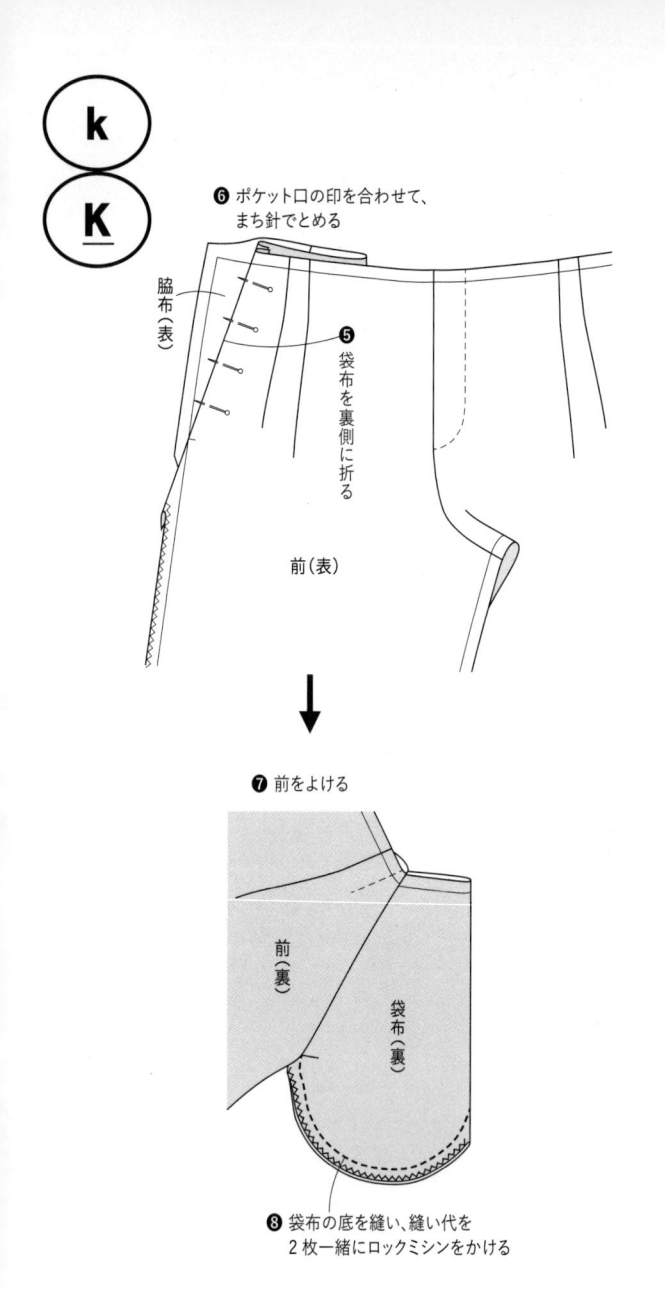

⑥ ポケット口の印を合わせて、まち針でとめる

脇布(表)
袋布を裏側に折る
前(表)

⑦ 前をよける

前(裏)
袋布(裏)

⑧ 袋布の底を縫い、縫い代を2枚一緒にロックミシンをかける

⑥・⑦・⑧

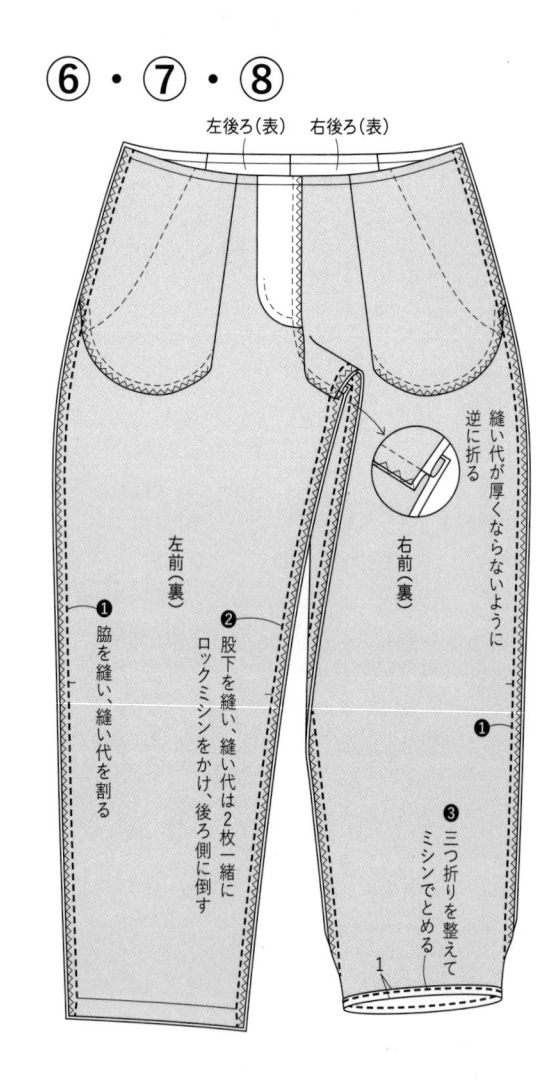

左後ろ(表) 右後ろ(表)

左前(裏) 右前(裏)

縫い代が厚くならないように逆に折る

❶ 脇を縫い、縫い代を割る
❷ 股下を縫い、縫い代は2枚一緒にロックミシンをかけ、後ろ側に倒す
❸ 三つ折りを整えてミシンでとめる

⑨

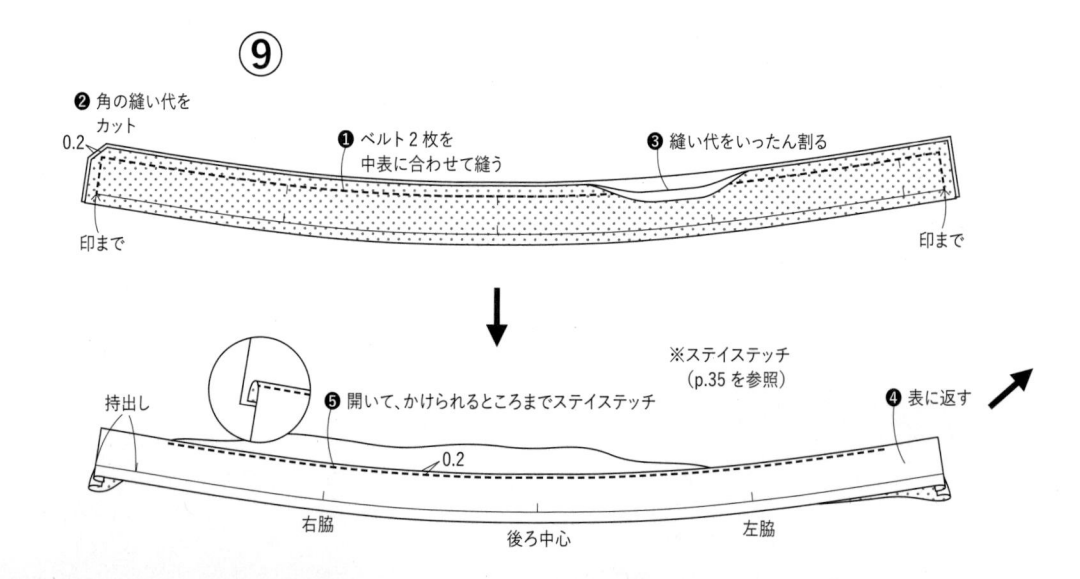

❷ 角の縫い代をカット
0.2
印まで
❶ ベルト2枚を中表に合わせて縫う
❸ 縫い代をいったん割る
印まで

持出し
❺ 開いて、かけられるところまでステイステッチ
0.2
※ステイステッチ(p.35を参照)
❹ 表に返す

右脇　後ろ中心　左脇

❻ ベルト通しを作る

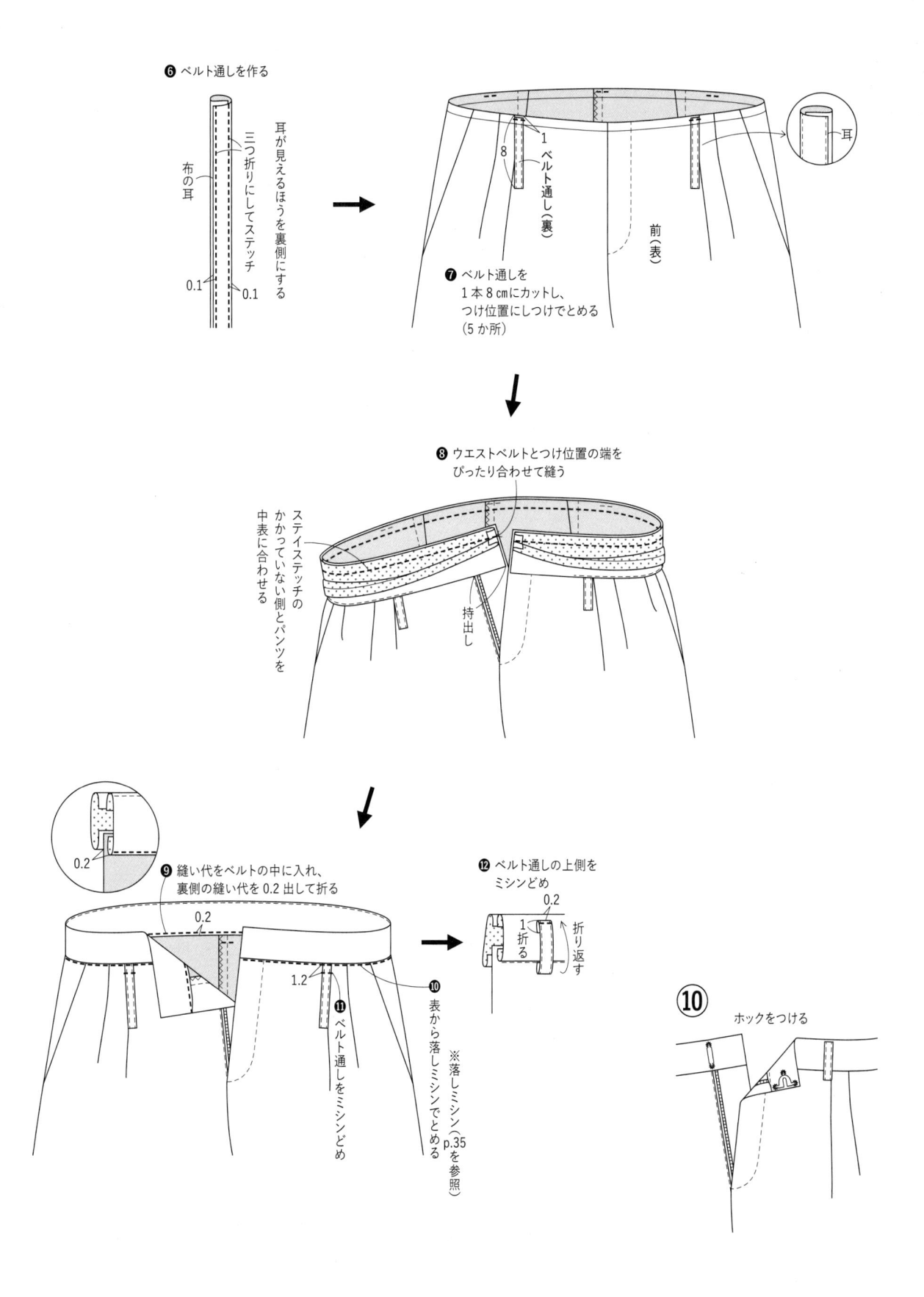

耳が見えるほうを裏側にする
三つ折りにしてステッチ
布の耳
0.1 0.1

❼ ベルト通しを1本8cmにカットし、つけ位置にしつけでとめる（5か所）

1 ベルト通し（裏）
8
前（表）
耳

❽ ウエストベルトとつけ位置の端をぴったり合わせて縫う

ステイステッチのかかっていない側とパンツを中表に合わせる

持出し

❾ 縫い代をベルトの中に入れ、裏側の縫い代を0.2出して折る

0.2
0.2
1.2

❿ 表から落しミシンでとめる（※落しミシン p.35を参照）

⓫ ベルト通しをミシンどめ

⓬ ベルト通しの上側をミシンどめ

0.2
1 折る
折り返す

❿ ホックをつける

c リラックスパンツ スリム
サイズ 1・2

出来上り寸法・作り方順序

写真→ p.11
ヒップ回りに適度なゆとりがあり、足首に向けて細くなるきれいなシルエット。
ロングトップスの下に重ねるような着こなしにも向いているデザインです。
合わせたTシャツ：**b**

パターン1の表　c 前、c 後ろ、c 袋布

材料　表布＝ 110cm幅 1m60cm(1)
　　　　　　110cm幅 1m80cm(2)
　　　（以下1・2共通）
　　　スレキ（手の甲側の袋布分）＝ 40×30cm
　　　接着テープ＝ 1cm幅 40cm
　　　ゴムテープ＝ 2.7〜3cm幅 60〜70cm（ウエストに合わせて調節する）

布選びのポイント
きれいな色のリネンを使用しています。ウエスト部分のギャザー分量が多いので薄手の素材がおすすめです。落ち感のある綿やテンセル混の素材で作ると大人っぽく仕上がります。

作り方順序
① 裾を2cm、ウエストを3cmの三つ折りにしてアイロンをかける。
② 前後の股ぐりをそれぞれ縫う。→図
③ 袋布をつけ、脇を縫い、ポケットを作る（p.39⑤、p.40を参照）。→図
④ 股下を縫い、裾をミシンでとめる。→図
⑤ ウエストの始末をする。→図

C リラックスパンツ ワイド
ワンサイズ

写真→ p.10
スカートに見えるくらいまで幅を出したスーパーワイドなリラックスパンツ。風が通るので夏にも涼しいデザインです。
合わせたTシャツ：**b**

パターン2の裏　C 前、C 後ろ
パターン1の表　C 袋布

材料　表布＝ 110cm幅 1m90cm
　　　スレキ（手の甲側の袋布分）＝ 40×30cm
　　　接着テープ＝ 1cm幅 40cm
　　　ゴムテープ＝ 3.2〜3.5cm幅 65〜75cm
　　　（ウエストに合わせて調節する）

布選びのポイント
きれいな色のリネンを使用しています。テンセルなど落ち感のある生地で作ると大人っぽく仕上がり、また派手な柄生地で作るのもおすすめです。ボリュームがあるので薄手の生地を選びましょう。

作り方順序 c と同様
※①のとき、裾は3cm、ウエストは3.5cmの三つ折りにしてアイロンをかける。

裁合せ図

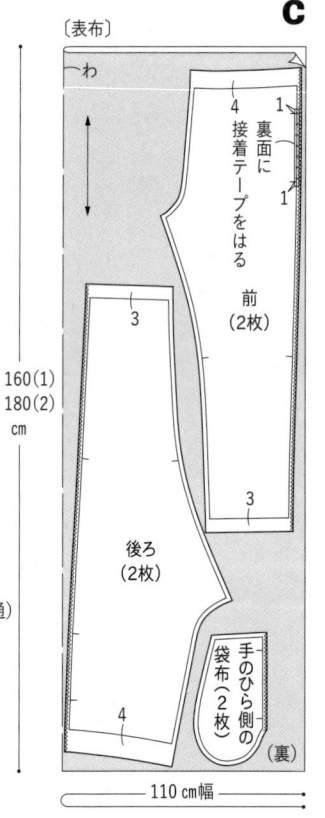

* 指定以外は縫い代1cm
* ～～～～は縫い合わせる前にロックミシン（またはジグザグミシン）をかけておく
* 表布があまり厚手でなければ、袋布は4枚とも表布でもよい。
* **C** は110cm幅だと2枚しかとれないので2枚をスレキなどの別布にしたほうが経済的

作り方解説図

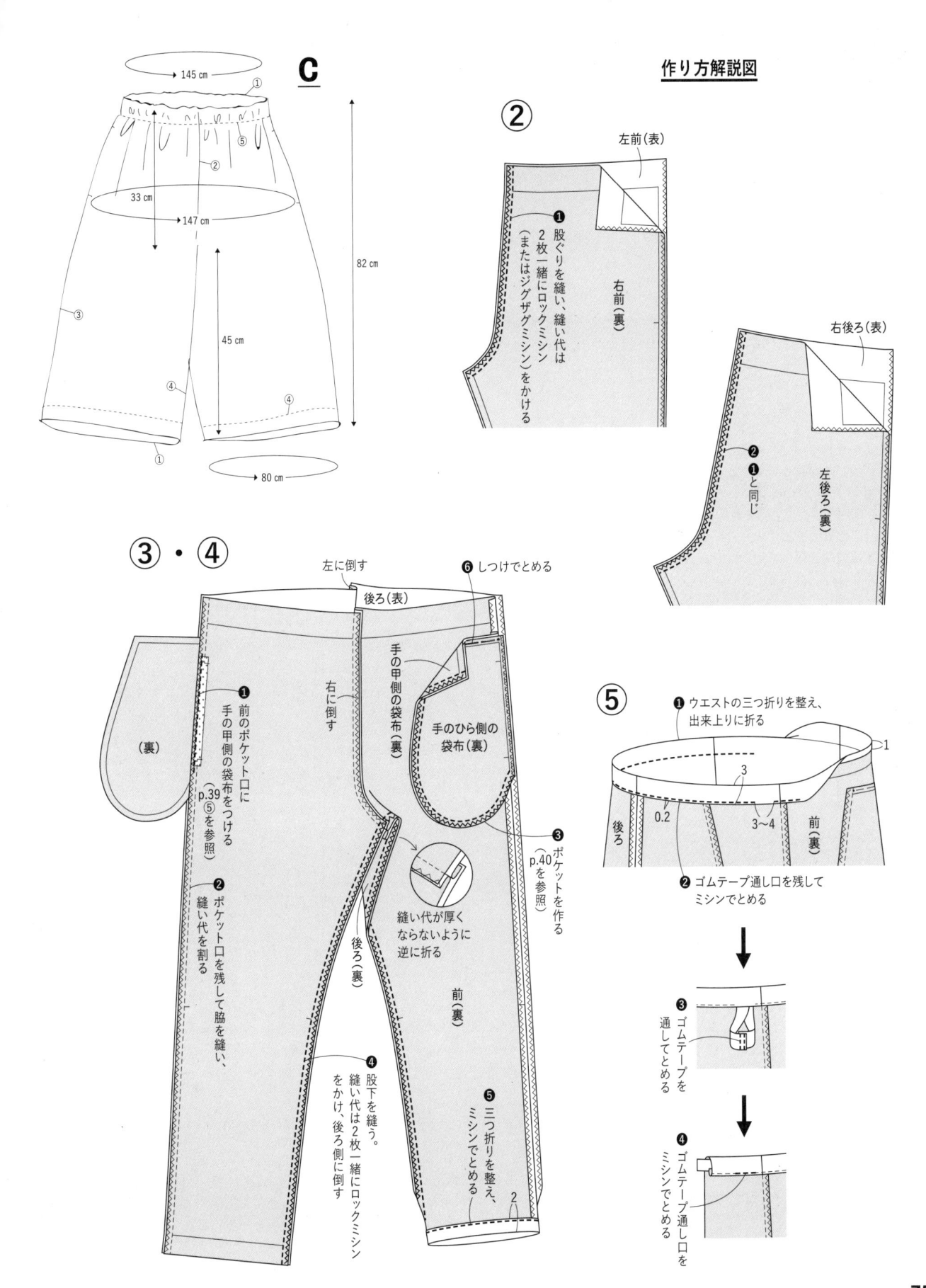

C

- 145 cm
- 33 cm
- 147 cm
- 82 cm
- 45 cm
- 80 cm

②

左前(表) / 右前(裏)

❶ 股ぐりを縫い、縫い代は2枚一緒にロックミシン(またはジグザグミシン)をかける

右後ろ(表) / 左後ろ(裏)

❷ ①と同じ

③・④

左に倒す / 後ろ(表) / 右に倒す

❻ しつけでとめる

手の甲側の袋布(裏) / 手のひら側の袋布(裏)

(裏)

❶ 前のポケット口に手の甲側の袋布をつける(p.39 ⑤を参照)

❷ ポケット口を残して脇を縫い、縫い代を割る

❸ ポケットを作る(p.40を参照)

縫い代が厚くならないように逆に折る

後ろ(裏) / 前(裏)

❹ 股下を縫う。縫い代は2枚一緒にロックミシンをかけ、後ろ側に倒す

❺ 三つ折りを整え、ミシンでとめる

⑤

❶ ウエストの三つ折りを整え、出来上りに折る

後ろ / 前(裏)

0.2 / 3 / 3~4 / 1

❷ ゴムテープ通し口を残してミシンでとめる

❸ ゴムテープを通してとめる

❹ ゴムテープ通し口をミシンでとめる

f ウエストギャザーワンピ 小
サイズ1・2

写真→ p.16
女の子らしいコンパクトなワンピース。ニットキャップなどを合わせてカジュアルダウンして着るのもかわいい。袖は好みで折り上げて着てもいいでしょう。

パターン1の表 f前、f後ろ、f前後スカート、f見返し、fウエストベルト
パターン2の表 f袋布

材料 表布 = 110cm幅 2m90cm(1)
　　　　　　110cm幅 3m20cm(2)
　　　(以下1・2共通)
　　　接着テープ = 1cm幅 60cm
　　　コンシールファスナー = 56cm 1本

布選びのポイント
チェック柄の綿サテンを使用しています。

作り方順序
①裾は0.5cm、袖口は印どおりに三つ折りにし、アイロンをかける。
②身頃の肩を縫い、縫い代を割る(p.38 ③を参照)。
③衿ぐりに見返しをつける。→図
④脇を縫い、縫い代を割る。→図
⑤袖口を始末する。→図
⑥ウエストベルトを身頃につける。→図
⑦脇に袋布をつけてスカートを縫い合わせ、ポケットを作る(p.39 ⑤、p.40を参照)。→図
⑧裾を始末する。→図
⑨スカートとウエストベルトを縫い合わせる。→図
⑩ファスナーをつける(p.66、67 ⑦を参照)。→図
⑪ウエストベルトと見返しの始末をする。→図

作り方ポイント
コンシールファスナーをつけるとき、「コンシールファスナー押え」を使います。

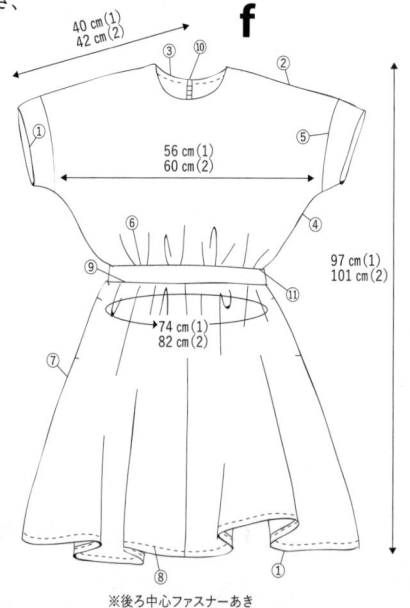

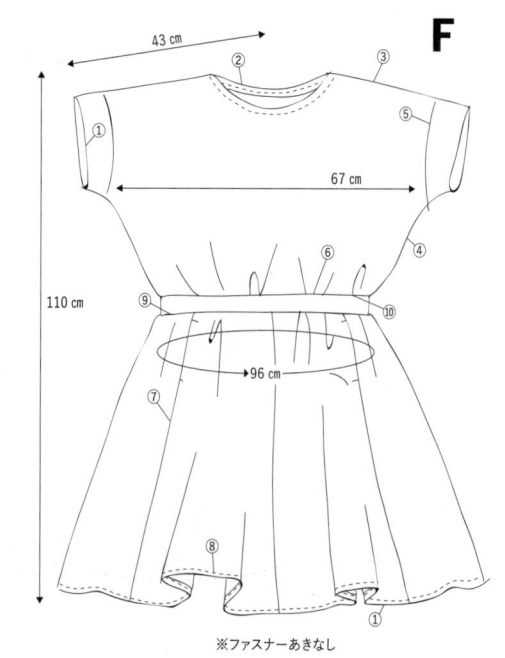

出来上り寸法・作り方順序

※後ろ中心ファスナーあき

F ウエストギャザーワンピ 大
ワンサイズ

写真→ p.17
だぼっと大きなワンピースをローウエストで引っかけて着るデザイン。分量のあるスカートが動くたびにゆれてきれいです。

パターン1の表 F前後スカート、F袋布
パターン2の裏 F前、F後ろ、Fウエストベルト
※衿ぐり用バイアステープは裁合せ図の寸法で裁つ。

材料 表布 = 110cm幅 4m60cm
　　　　接着テープ = 1cm幅 30cm
　　　　ゴムテープ = 3cm幅 75～80cm

布選びのポイント
チェック模様の綿サテンを使用しています。薄手のシルクなど上品な無地の生地で作ってもかわいい。ウエストが分厚くなりすぎないよう、薄手の生地を選ぶのがいいでしょう。

作り方順序
①裾は0.5cm、袖口は印どおりに三つ折りにし、アイロンをかける。
②衿ぐりをバイアステープで始末する(p.42 ②・③を参照)。
③肩を縫い、縫い代を割る(p.42 ④を参照)。
④～⑨ f と同様。※⑦・⑧・⑨のとき、ファスナーあきなしで縫い合わせる(p.77 F のスカートのはぎ方参照)。
⑩裏側のウエストベルトを落しミシンでとめる(p.79 ⑩・⑪を参照)。
　落しミシンでとめるときに、ゴムテープ通し口を4cmぐらい残し、ゴムテープを通したら通し口をミシンでとめる(p.75 ⑤を参照)。

作り方ポイント
ウエストベルトに入れるゴムテープは腰で止まる寸法に調節しましょう。

※ファスナーあきなし

裁合せ図

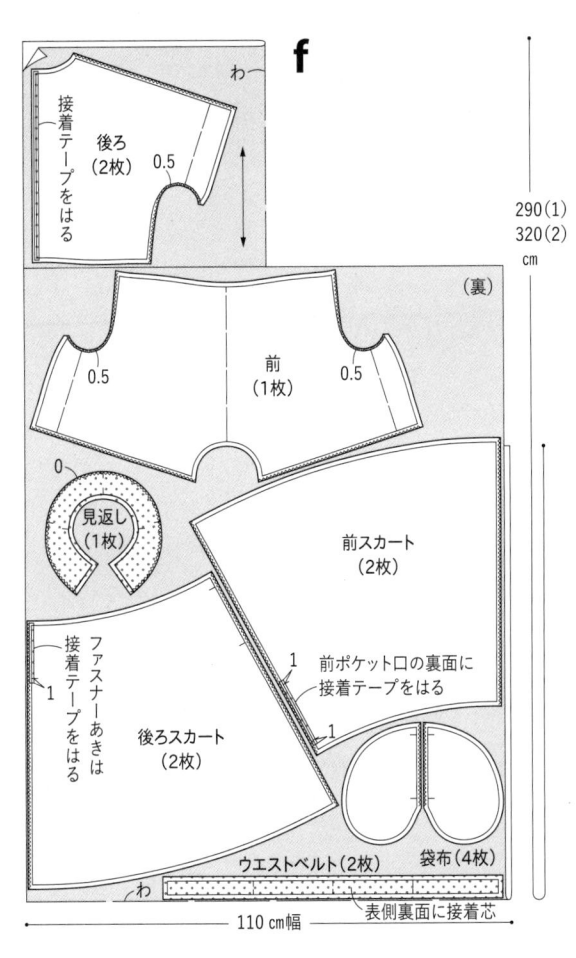

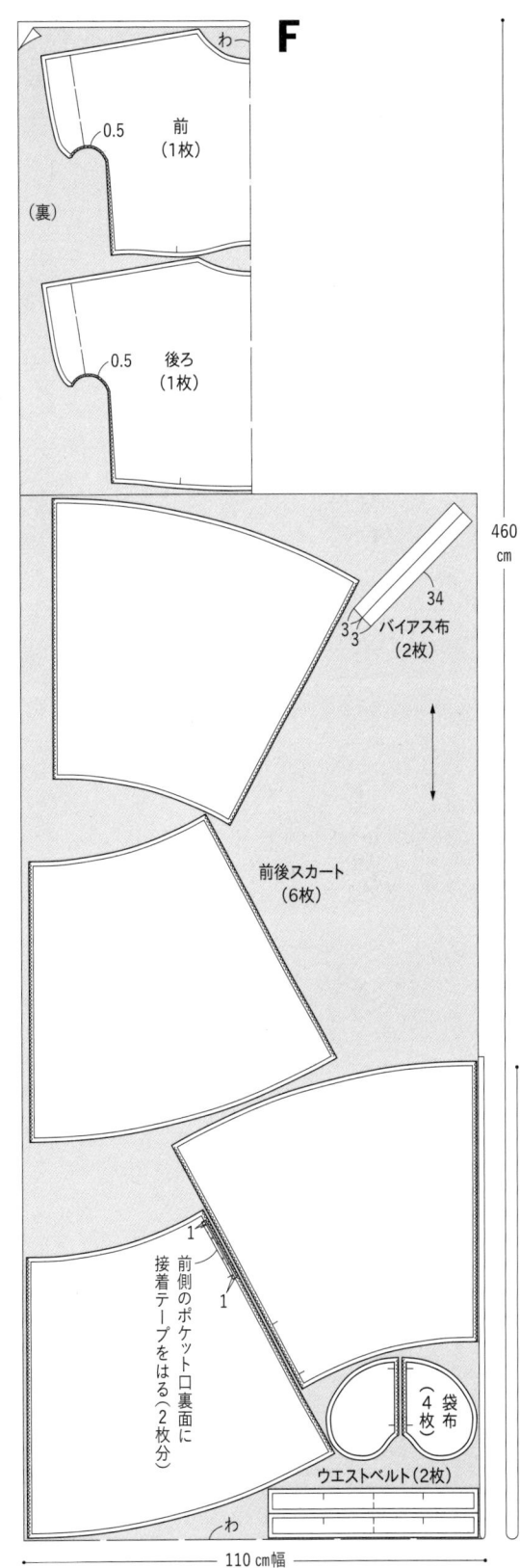

f

- 後ろ（2枚）
- 接着テープをはる
- 0.5
- (裏)
- 前（1枚） 0.5
- 0.5
- 見返し（1枚） 0
- 前スカート（2枚）
- ファスナーあきは接着テープをはる
- 後ろスカート（2枚）
- 前ポケット口の裏面に接着テープをはる
- ウエストベルト（2枚）
- 袋布（4枚）
- 表側裏面に接着芯
- わ
- 110cm幅
- 290(1) 320(2) cm

F

- 前（1枚） 0.5
- (裏)
- 後ろ（1枚） 0.5
- バイアス布（2枚） 3 3 34
- 前後スカート（6枚）
- 前側のポケット口裏面に接着テープをはる（2枚分）
- 袋布（4枚）
- ウエストベルト（2枚）
- わ
- 110cm幅
- 460cm

* 指定以外は縫い代1cm
* ▦ は裏面に接着芯・接着テープをはる
* ―― は縫い合わせる前にロックミシン（またはジグザグミシン）をかけておく

Fのスカートのはぎ方（略図）

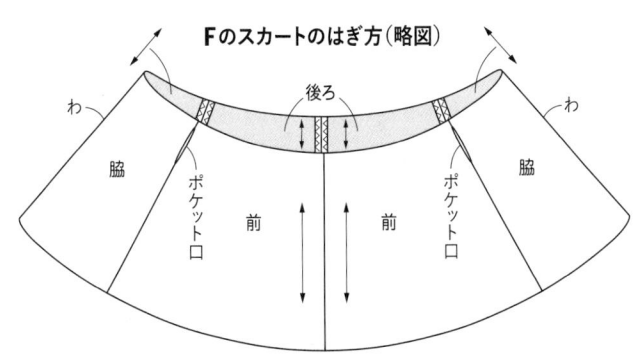

わ｜脇｜ポケット口｜前｜後ろ｜前｜ポケット口｜脇｜わ

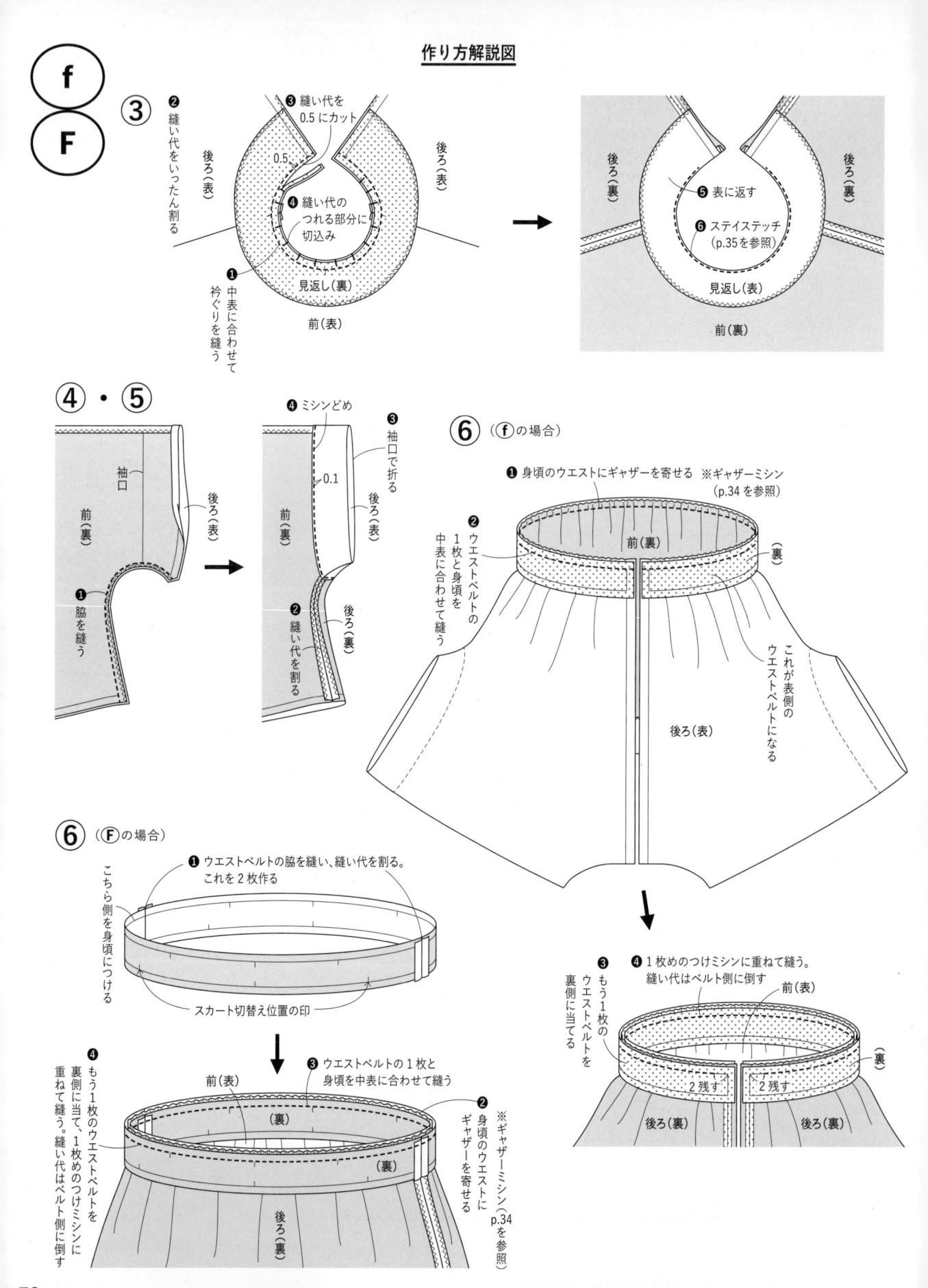

作り方解説図

⑦・⑧

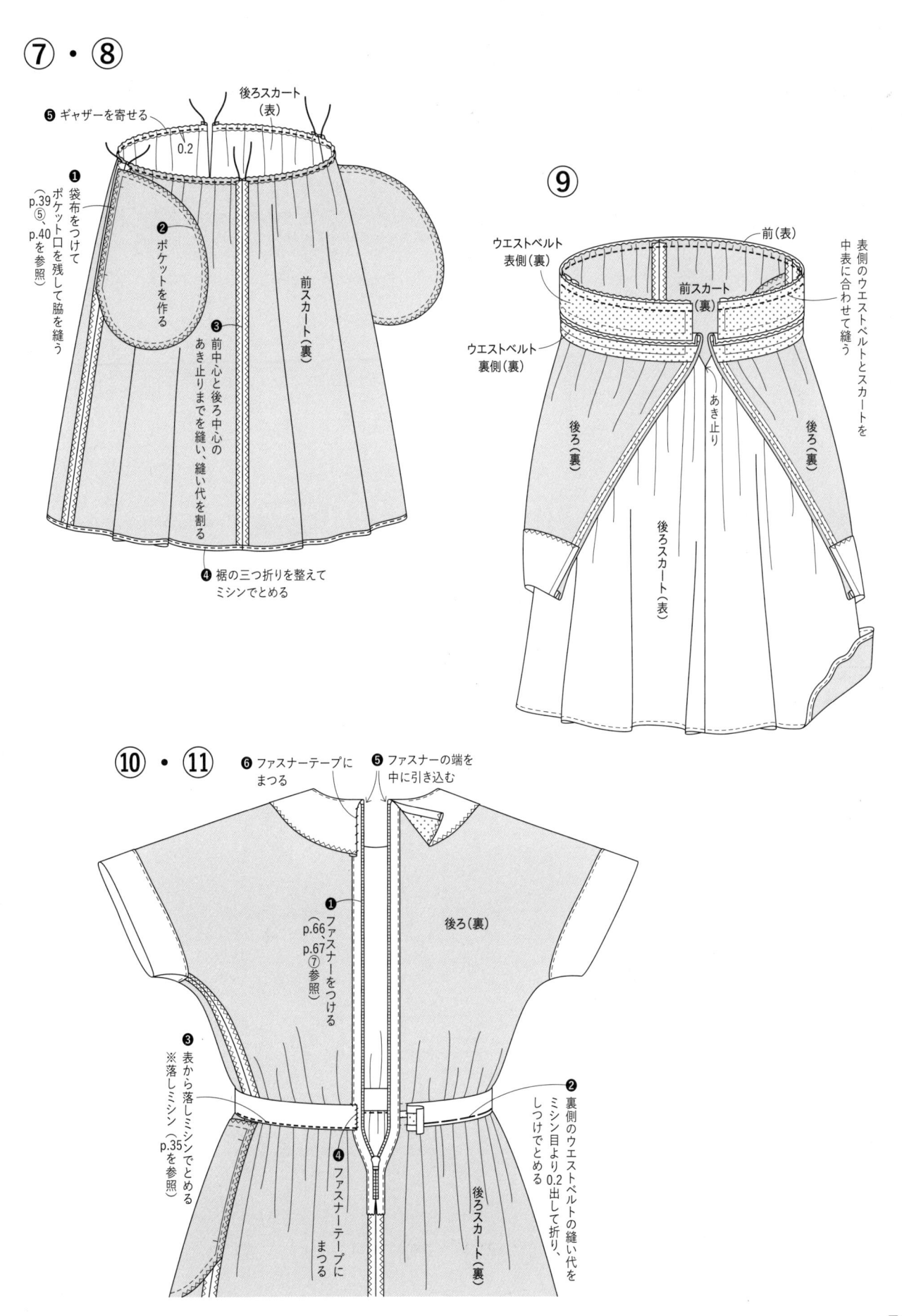

- ❶ 袋布をつけてポケット口を残して脇を縫う（p.39 ⑤、p.40 を参照）
- ❷ ポケットを作る
- ❸ 前中心と後ろ中心のあき止りまでを縫い、縫い代を割る
- ❹ 裾の三つ折りを整えてミシンでとめる
- ❺ ギャザーを寄せる

後ろスカート（表）
0.2
前スカート（裏）

⑨

- 表側のウエストベルトとスカートを中表に合わせて縫う

ウエストベルト表側（裏）
ウエストベルト裏側（裏）
前（表）
前スカート（裏）
後ろ（裏）
後ろ（裏）
あき止り
後ろスカート（表）

⑩・⑪

- ❶ ファスナーをつける（p.66、p.67 ⑦参照）
- ❷ 裏側のウエストベルトの縫い代をミシン目より0.2出して折り、しつけでとめる
- ❸ 表から落しミシン（p.35を参照）でとめる
- ❹ ファスナーテープにまつる
- ❺ ファスナーの端を中に引き込む
- ❻ ファスナーテープにまつる

後ろ（裏）
後ろスカート（裏）

濱田明日香
ASUKA HAMADA

はまだ・あすか
THERIACA(テリアカ)のデザイナー。日本、カナダでテキスタイルデザインを勉強後、ファッションデザイナーとしてアパレル企画に数年携わり、渡英。ファッションとパターンについて研究し、自由な発想の服作りを続けている。現在はベルリンにて自身のプロジェクトを行なうと同時に、服の楽しさを伝えるツールとして本の執筆も手がけている。www.theriaca.org

AD＆ブックデザイン＝シンプル組合
撮影＝脇田ジョージ
スタイリング＝濱田明日香
ヘア＆メイク＝坂入小百合
モデル＝HOLLY BECKER
小道具＝STAUB SHOP
デジタルトレース＝文化フォトタイプ
CADグレーディング＝上野和博
パターントレース＝アズワン(白井史子)
校閲＝向井雅子
作り方解説＝鈴木光子
編集＝田中 薫(文化出版局)

大きな服を着る、小さな服を着る。

発行＝2016年3月14日　第1刷
　　　2019年4月23日　第4刷
著者＝濱田明日香
発行者＝濱田勝宏
発行所＝学校法人文化学園 文化出版局
〒151-8524 東京都渋谷区代々木3-22-1
電話 03-3299-2485(編集)／03-3299-2540(営業)
印刷・製本所＝株式会社文化カラー印刷

©Asuka Hamada 2016　Printed in Japan
本書の写真、カット及び内容の無断転載を禁じます。

・本書のコピー、スキャン、デジタル化等の無断複製は著作権法上での例外を除き、禁じられています。本書を代行業者等の第三者に依頼してスキャンやデジタル化することは、たとえ個人や家庭内での利用でも著作権法違反になります。
・本書で紹介した作品の全部または一部を商品化、複製頒布、及びコンクールなどの応募作品として出品することは禁じられています。
・撮影状況や印刷により、作品の色は実物と多少異なる場合があります。ご了承ください。

文化出版局のホームページ　books.bunka.ac.jp